張愛玲

张爱玲的N个侧面

Eileen Chang

闫红 著

人民文学出版社

图书在版编目（CIP）数据

张爱玲的N个侧面 / 闫红著. —— 北京 ：人民文学出版社，2024. —— ISBN 978-7-02-018946-5

I．K825.6

中国国家版本馆CIP数据核字第2024AS1786号

责任编辑	周墨西
装帧设计	李思安
责任印制	王重艺

出版发行	人民文学出版社
社　　址	北京市朝内大街166号
邮政编码	100705

印　　刷	侨友印刷（河北）有限公司
经　　销	全国新华书店等

字　　数	219千字
开　　本	850毫米×1168毫米　1/32
印　　张	8.75　插页3
印　　数	1—8000
版　　次	2024年11月北京第1版
印　　次	2024年11月第1次印刷

书　　号	978-7-02-018946-5
定　　价	39.00元

如有印装质量问题，请与本社图书销售中心调换。电话：010－65233595

目录

序 张爱玲笔下的女人，都有些英雄气质 —— 001

看张

1　佛朗士：也许他是张爱玲的初恋 —— 003

2　胡兰成：他和她的误解小辞典 —— 013

3　桑弧：我们曾相爱，想到就心酸 —— 075

4　赖雅：爱又如何 —— 089

5　炎樱：有一种友谊，只能共青春 —— 111

6　宋氏夫妇和张爱玲：被淬火的友谊 —— 121

7　夏志清："我干杯你随意"的豪情 —— 137

8　亦舒：是老本，也是包袱 —— 145

9　当傅雷遇上张爱玲：火焰遇上海水 —— 157

10　父亲张志沂：过时的人 ———— 175

11　母亲黄素琼：哪一种爱不是百孔千疮 ———— 199

12　姑姑张茂渊：她不想愁眉苦脸地活下去 ———— 209

13　张爱玲的弟弟：他只是想有人注意他 ———— 219

读张

1　《色·戒》：表演欲是一件很危险的事 ———— 235

2　《第一炉香》：清醒地沉沦 ———— 243

3　《半生缘》：顾曼桢被放弃的一生，和她的不自弃 ———— 251

4　《白玫瑰与红玫瑰》：他不曾真的活过 ———— 265

序

张爱玲笔下的女人，都有些英雄气质

我写稿时经常会提到张爱玲笔下的男人，他们太典型，你总会在这里或那里遇到他们。尤其是佟振保和沈世钧，似乎每个人身上都有一点儿。

佟振保的特点是平庸。这样说他本人可能不接受，在他自己以及他周围的人眼中，他不说是人中龙凤，也算得上出类拔萃。

他出身贫寒，靠老母亲的含辛茹苦，避开做学徒的命运，"出洋得了学位，并在工厂实习过，非但是真才实学，而且是半工半读赤手空拳打下来的天下。他太太是大学毕业的，身家清白、面目姣好、性情温和、从不出来交际。一个女儿才九岁，大学的教育费已经给筹备下了"。

放到现在，也是妥妥的精英。

但阿伦特定义的"平庸"，是"无思状态"，无法独立判断，不能也不想有自己的价值取舍。佟振保主动让自己处于这种状态中。

他心里有一个铁铸一般的"对的世界"，吃得苦中苦，方为人上人，他要一点点朝上爬，进一寸有一寸的欢喜。若有余力还要报答桑梓，赞助如当初的他一般的贫寒子弟。

不是说这样不好，但这明光铮亮的理想占据佟振保全部世界，不给他的自我留下方寸之地。王娇蕊看得清楚,他虽然处处克制自己,内里却是个贪玩好吃的人。他本能地迷恋王娇蕊这样性感聪明的"红玫瑰",只是这样的女子于那"对的世界"不相宜,他便存天理灭人欲地舍弃她,娶了他觉得索然的白玫瑰。

他像一个永远无法成长的孩童,用各种姿态逢迎这世界求表扬。至于那些被压抑的情爱和欲念,他选择私下里变态。比如去嫖,选黑的胖的——王娇蕊便不是纤细白皙的。"他所要的是丰肥的辱屈",用这种方式,是否就能解决他对红玫瑰们的情牵与爱恨?

像佟振保这样的人挺多,可能没这么极端,但心中同样有一座"对的殿堂",在这个殿堂里获得存在感,是他们的毕生追求。《红楼梦》里林黛玉说:"我为的是我的心。"他们却害怕自己的心,一旦开始思索,会到何种地步? 平庸的世界让人更有安全感,这世界人多势众,就算错了,也不用自己负责。

沈世钧比佟振保可爱一点,他的问题更有隐蔽性。初看《半生缘》,甚至会当成类似于鸳鸯蝴蝶派小说讲命运阴差阳错的故事,后来发现还是性格悲剧。沈世钧比佟振保多点抵抗力,一开始他拒绝被异化,不想成为他父母那类人,他放弃南京家里的产业,到上海去打工,遇到顾曼桢。到这里都很好,甚至可以说非常好,但是,当压力再大一点,他被推到需要抉择的紧要关头,他习惯性选择放弃。

父亲病重,母亲希望他回去继承家业,他就放弃已经有点起色的事业,回家继承皮货铺;顾曼桢家里不欢迎他,他就觉得曼桢的心也变了,要嫁给别人;曼桢被囚禁,他都已经来到她姐姐家,与她近在咫尺,但曼璐跟他说曼桢已经嫁了别人,他立即就相信了……

不是不抵抗,但只抵抗一点点。他不坚定,像一只蜗牛,一再伸出触角，又一再缩回去。他一点点走回老路，到后来，他对叔惠说："要说我们这种生活，实在是无聊。不过总结一下，又仿佛还值得。别的不说，光看这两个孩子，人生不就是这么回事吗？"可以说，他已经变成自己最讨厌的那种人。

相形之下，张爱玲笔下最著名的几个女性，几乎个个都有一种英雄气概。王娇蕊就不用说了，她原本是玩世不恭的，但她内心的热情被佟振保唤醒，之后振保放弃了她，她不自弃。爱人不见了不重要，重要的是，她知道了"爱"这样东西。她离开提款机丈夫，踏上颠沛流离的路途，佟振保再见到她时，她老了胖了，但她过着忠实于内心有热情的生活，她的憔悴，是热情的印记，让空心人佟振保嫉妒。

《半生缘》里，世钧和曼桢的重逢对比没有这么鲜明，但落魄的曼桢显然比平顺的世钧活得更像样。在张爱玲的世界里，女性的革命性总比男性来得更彻底。但张爱玲同时也写到这种革命性的局限，她们天地太小，常常只能在情爱的世界里转圈。有时还会受到阻击，付出惨重代价。

《色·戒》里的王佳芝，不甘平庸，想找到自己的价值感。她和同学一起刺杀汉奸，因为她是个漂亮女人，她被委派充当"美人计"里的"美人"，委身厌恶的人。第一次行刺失败，她变成了一个笑话，有很久，她都担心自己有没有染上什么脏病。

这是她后来临阵倒戈的根源，她感觉到在他们的"革命小团体"里女性的被剥削，以为在与汉奸易先生的关系里能获得爱情，实际上也并不。

《第一炉香》里的葛薇龙疑似恋爱脑，但其实是她当时没有更多选择，离开香港回到上海？梁太太的丫鬟都知道，女大学生找工作很难。

她大概率还是只能去做"女结婚员",和一个不喜欢的人过不快乐的一生。那么还不如燃烧一把,就算结局惨烈,她认了。

张爱玲笔下的男人不能说好或者不好,不管是沈世钧还是佟振保,都自有其迷人之处。他们都属于"无力者",温顺而不失狡猾地配合这世界,希望拿到些残羹冷炙。而张爱玲笔下的女人更勇敢,敢于付出,敢于出走,也敢于承担,只是处境所限,终不免狼狈或者凄凉。

张爱玲对男女的认知和她的原生家庭有关。别看她父亲殴打囚禁她时很厉害的样子,在时代面前,他虚弱又茫然。除了吃喝嫖赌抽大烟,倚仗母亲的嫁妆在新时代里做遗少,他找不到自己的位置。

张爱玲的母亲,如她自许的,是勇敢的湖南人。虽然她难以逃出女性身份,对于情爱有太多贪婪沉溺,但她一双小脚走出国门,去阿尔卑斯山滑雪,去马来西亚的工厂做工,这气魄已经超出当时太多男性。

张爱玲的母亲、姑姑包括她自己,都走出新时代气象。而她父亲和弟弟,只管在那暮气沉沉的斗室里,沉下去,沉下去……

这并非偶然。之前的时代,以男性为主体,为男性设计了一套完整的发展之路。他们从小就是家庭的主人,以后也是社会的主人,他们只要读书、仕进,按部就班地走,总不会太差。曾几何时,带张爱玲弟弟的女仆,在带张爱玲的女仆面前都自感优越,还替她弟弟做主,说将来弟弟不要张爱玲回家。

这样的环境里,男性有着过度的安全感和优越感,女性则在天然的焦虑里提升了适应能力。

当新时代的大潮席卷而来,男人们面对从未见过的世界无所适从。而拥有不多,背负也不多的女性,很快找到节奏,建立自己的秩序。即便最终不算成功者,但那个思索、探索、试错的过程,让她们免于陷入平庸。

　　张爱玲的作品，与她的人生互文见义，这是我写这本书的缘故。作家和作家是不同的，有的作家，生活和作品之间有很大的壁垒，见到人，会感到奇怪：他（她）原来是这样。

　　张爱玲也有出乎粉丝意料之处，比如在很多人的回忆里，她都是和蔼可亲乃至可以侃侃而谈的（和水晶就谈七个小时，直至凌晨）。但是她的活法，放到她的小说里毫不违和，这或者可以说明她知行合一，她投入时代，也反映时代，胡兰成对她的定义最准确，她是"民国女子"。

　　这四个字背后，不只是蓝衫黑裙，齐耳短发，还有相对于之前漫长时代的觉醒，和自行定义人生的勇气。不管你喜不喜欢张爱玲，但她的作品与人生，对于今时今日之人，依然有着某种可借鉴性。

看张

1 佛朗士：

也许他是张爱玲的初恋

张爱玲的这段往事里，就是一个老师对学生的好，一个学生对老师纯粹的爱慕，两个敏感、羞涩同时又多少有点洁癖的灵魂，用自己的方式，表达出看似疏离的温情。

张爱玲的遗嘱执行人林式同回忆，他和张爱玲第二次见面时，"她提到三毛，说她怎么自杀了，言下甚不以为然。我没有表示什么意见，因为我没有看过三毛的作品"。

三毛去世后，张爱玲极少发表意见。也是，说什么都不好。但肯定是想吐槽的，跟一个建筑师聊起这个话题，大概觉得他不是圈内人，她的意见不至于传出去。总之，她对三毛是有些芥蒂，但又不想让别人知道。

她对三毛的意见，应该与三毛是《滚滚红尘》的编剧有关。这部电影的导演是严浩，主人公原型是张爱玲和胡兰成，他们大概率没有问过张爱玲的意见，否则张爱玲一定会反对。

胡兰成出了本《今生今世》之后，许多人想蹭这个热度。台湾作家、胡兰成的超级粉丝朱西宁要写张爱玲的传记，还有出版人居然以请胡兰成作序为诱饵跟张爱玲约稿，张爱玲的反应都是迅速断绝往来，她着实讨厌他们所以为的"佳话"。

她写《小团圆》，初衷是揭示真相，反驳《今生今世》，也不让朱西宁占了先。但她的好友宋淇告诉她，就算这么写，还是有可能被那个"无赖人"缠上，他正着急翻盘，"一个将近淹死的人，在水里抓得着什么就是什么，结果连累你也拖下水去，真是何苦来"。

当然到了1990年，胡兰成早已去世，占不到什么便宜了。但张爱玲对这段"佳话",应该还是觉得膈应。而电影槽点还不只这一点,一开头就是林青霞演女主人公,和穷小子谈恋爱,她嫌贫爱富的爹要把人撵走。民国版杰克就冲着老头儿喊:"等我发了财一定回来抢你的女儿!"

这句台词是不是挺吓人?更离谱的是,林青霞爱他爱得要死,摔东西撞墙非得跟他,还拿个玻璃片割腕自杀了,鲜血拖了老长。

问题是张爱玲是不会自杀的,也不会谈这惊天地泣鬼神的恋爱。她打小头脑清醒,和父亲闹翻,是因为跟继母吵架,被她父亲关了大半年。她从父亲那里逃出来之前,认真地考虑过,母亲没钱,父亲有钱,但父亲的钱不见得就给她花,还耽误了最好的求学时间。权衡利弊之后,她才从父亲家里逃出去,紧急关头,她还冷静地和三轮车夫谈了会儿价格。

《滚滚红尘》里那种很戏剧化的爱情,张爱玲看了怕是要毛骨悚然。她的初恋符合她的个性,窘迫、狼狈、内心震动、沉默不语。

这段感情,她写在《小团圆》里。《小团圆》是自传体小说,张爱玲给宋淇的信里也说:"我在《小团圆》里讲到自己也很不客气,这种地方总是自己来揭发的好。当然也并不是否定自己。"她在这部小说里名叫盛九莉。

九莉从父亲那里逃出来,投奔母亲。母亲对她的到来是迟疑的,原本的人生规划里没有这一环,但既然来了,要强的母亲就要好好培养她,不得不为了她留在中国,与外国男友分手,帮她请五美元一小时的家教,同时,怀疑这个资质有限的女儿是否值得她付出那么多。

小说里写,她生了重病时,她母亲冲进病房,对她吼:"你活着就是害人。"后来九莉才知道,为了减轻经济压力,母亲对医生使了美人计。九莉满心抱歉,但也没有办法,她拿不出什么来对她母亲证明她的存在是有意义的。在《私语》里,张爱玲写她跑到楼顶上,"西班牙式的白墙在蓝天上割出断然的条与块。仰脸向着当头的烈日,我觉得我是赤裸裸的站在天底下了,被裁判着像一切的惶惑的未成年的人，困于过度的自夸与自鄙"。

1938年，张爱玲以远东区第一名的成绩考入伦敦大学，因为战争，转入香港大学读书，但她依然怀疑自己就是母亲口中的"害人精"。有一天，在学校里，九莉收到一个邮包，包得很随意——下面的黄纸都有点破了，里面是一些面额大小不等的钞票，一共八百块。是一个名叫安竹斯的老师寄来的。安竹斯附了一封信，说知道她申请奖学金没有过，请容许他给她的一个小奖学金，如果明年她能保持这样的成绩，相信她一定能够得到全额奖学金。

在九莉眼中，这封信是一张生存许可证。注意，是这封信而不是这笔钱，九莉等不及地要拿去给她母亲看。母亲很用心地看了信，不好意思地笑着说："这怎么能拿人家的？要还给他。"九莉着急起来，说安竹斯先生不是那样的人，他们素无来往，甚至说他不喜欢自己。他怎么可能不喜欢她，她只是想说，不是她母亲以为的那种"喜欢"。

在《小团圆》里，安竹斯是英国籍的历史教师，出身剑桥，水平很高，但只是个讲师。不愿意住校内，宁可骑很远的车去校外。他的形象是：砖红的脸总带着几分酒意。十分的名士派。

张爱玲的散文《烬余录》里也提到他，叫作佛朗士，是英国籍的历史教授，也不住校内，最重要的是，最后也和安竹斯一样，应征入伍，作为后备军死去。

活着的时候，他也是名士派的，造房子养猪，家里不装电灯也不用自来水，不赞成现代物质文明。唯一的一辆破汽车是给用人赶集买菜的。他"有孩子似的肉红脸，磁蓝眼睛，伸出来的圆下巴，头发已经稀了，颈上系一块暗败的蓝卍字宁绸作为领带"。

张爱玲像介绍路人甲那样介绍他：

佛朗士是一个豁达的人，彻底地中国化，中国字写得不错（就是不大知道笔划的先后），爱喝酒，曾经和中国教授们一同游广州，到一个名声不大好的尼姑庵去看小尼姑。

但是她的这句话曾让我暗自诧异："他研究历史很有独到的见地。官样文章被他耍着花腔一念，便显得非常滑稽。我们从他那里得到一点历史的亲切感和扼要的世界观，可以从他那里学到的还有很多很多，可是他死了——最无名目的死。"

尽管写得很节制，在张爱玲这里已经破了例。她不太会很正经地夸人，在圣玛丽女校读中学的时候，她写打油诗拿老师开涮，险些不能毕业。她眼界高，再喜欢也耻于赞扬，说胡适也只是说他是五四偶像。像"可以从他那里学到的还有很多很多"这种话，在她的文中读到，会觉得眼生。

她这样崇拜他，他又是对她这样欣赏与照顾，要是放到琼瑶笔下，马上奔着《窗外》的路子去了。但安竹斯不是那种多情的男教师，除了提问时拿她当撒手锏震慑那些答不出来问题的同学，他也没有表现得特别喜欢她，甚至更愿意跟别的女学生开玩笑。但正是这种"不喜欢"，使得他们的交往格外清洁，她也只有收到这样一个人的钱，才会满心欢喜。

张爱玲曾说，爱一个人能爱到跟他拿零花钱的程度，那是很严格的考验。就张爱玲的性格而言，收一个人的钱而不感到压力，那也说明她是真的喜欢他。她说那钱："存到银行里都还有点舍不得，再提出来也是别的钞票了。这是世界上最值钱的钱。"她把那钱拿给她母亲看，第一次在她母亲面前如此有底气吧，她都庆幸她母亲当天喊她去，她一分钟也不能忍。听了九莉对安竹斯先生关系的辩解，她母亲没怎么说话，过了一会儿，让她把钱搁下。她把信折起来，装进信封，收进皮包里，很简单的动作，自己却觉得可疑，看着像是爱上了安竹斯。钱就留在母亲那,那个世界上最值钱的钱,她要装出不在乎的样子。

  还以为憋着好消息不说,会熬不过那一两天。回去之后那两天的工夫才是真不知道怎么过的,心都急烂了。怕到浅水湾去,一天不去,至少钱还在那里。

她坐立不安地等了两天,再去她母亲住的酒店,听说,那八百块钱,已经被她母亲轻描淡写地在牌桌上输掉了。

  不知道她母亲为何单单要拿这笔钱出来赌,也许只是凑巧手边没钱,拿来挪用一下。她母亲虽然貌似浪漫,有过很多情人,内心却粗糙乃至粗鄙,她没有能力理解一个女孩子内心最为温软的感情。

  九莉说她就此对母亲死了心,但当时她还是反应不过来,她母亲叫她不要写信,要去安竹斯那里面谢,她也就听从了。安竹斯是可想而知的不耐烦,她自己也尴尬,说了几句话就告辞出来,这也符合他二人的做派。他的名士做派注定他不喜欢感情黏稠度太强的场景,也只有这样的他,会为她所喜欢。若是他稍露一丝温柔,这段情谊也就立即混浊,也许,她的内心就要"像给针扎了一样"。

  不是所有的"喜欢"都要落到实处,有些"喜欢"本身就很好。所以,你发给我奖学金很好,你的不耐烦也很好,若是太平盛世,就这样在我心里留个影子,留个一般人不能挑战的高度也很好,可是,战争来了,它成全了白流苏和范柳原,却让你,死了。

  《烬余录》里介绍,战争发生后,英籍教师都应征入伍,佛朗士也在其中,每逢志愿军操演,他总是拖着长腔说:"下礼拜一不能同你们见面了,孩子们,我要去练武功。"然后，他被自己人枪杀了，他在黄昏里回军营去，保持着习惯性的若有所思，"没听见哨兵的吆喝，哨兵就放了枪"。

听上去非常荒谬，但荒谬是他所喜欢的，所以，也还好。

张爱玲在《烬余录》里写这些仍然很节制，她只说"一个好先生，一个好人。人类的浪费……"，还是像说路人甲。她根本不敢认真写他，因为她那么喜欢他，喜欢到连这喜欢都不可以说，跟自己说都是错。

写《小团圆》，是多年以后的事了，下笔要用力得多。当盛九莉的女同学告诉她安竹斯先生死去的消息时，她的第一反应竟然是占有欲爆发，觉得你才来几天啊，就知道什么安竹斯先生了。她继续洗袜子，抽泣，抽了半天才迸出几滴痛泪——

本来总还好像以为有一天可以对他解释，其实有什么可解释的？但是现在一阵凉风，是一扇沉重的石门缓缓关上了。

她要跟他解释什么呢？那八百块钱的去向？还是其他她一直不能说出来的话？她不欠他什么话，但是有一份喜欢在那里，她就有对他说点什么的义务。

她想开个玩笑，用玩笑挡痛，所以她突然抬起头来，"在心里对楼上说：'你待我太好了。其实停止考试就行了，不用把老师也杀掉。'"这是她对上帝说的。

这是世界上最伤心的黑色幽默。我觉得她爱他。

历来写女学生爱慕男教师的小说很多，比如琼瑶的《窗外》，还有亦舒的《人淡如菊》，开头还算动人，但主人公都想要个结果，弄到不能收场。张爱玲的这段往事里，就是一个老师对学生的好，一个学生对老师纯粹的爱慕，两个敏感、羞涩同时又多少有点洁癖的灵魂，用自己的方式，表达出看似疏离的温情。

这符合张爱玲的个性，她害怕俗套，害怕完成。她的很多小说里都会讽刺那种戏剧化人格，她不想把人生套入宏大叙事的模板，以此找到自身的存在感。她更愿意亲身体验生活本身的幽微，转化成人人心中有而笔下无的文字。借用米兰·昆德拉的话就是，她是那种小说型人格，而三毛是抒情诗人格。米兰·昆德拉说有两类人格，一类是抒情诗人格，一类是小说人格。小说人格是反抒情的、反浪漫主义的、怀疑论的、批评性的，因此是现代主义的。抒情诗人格正好相反，随时准备上价值，随时准备热泪盈眶，流出的，还常常是米兰·昆德拉所言的"第二滴泪"，我称之为"二手眼泪"。

这样两个人，会谈不一样的恋爱，写不一样的故事，过不一样的人生，永远无法沟通。三毛不明白这点，但张爱玲明白，这或许就是她不愿意跟圈内人谈三毛的缘故，因为一旦说起，就好像她强行做人家人生的解人。她说过，她被她母亲和姑姑训练得对熟人没有任何好奇心，总想着，人家那样做有人家的理由。对别人的人生指手画脚，对张爱玲来说是大忌。

2　　胡兰成：

他和她的误解小辞典

千回百转，完全幻灭之后，不见得全是灰烬，起码，那是你年轻时的爱，和你的那一段生命血肉相连，还了金子还了钱，你却无法将记忆全部交还。

1 ………… 人生若只如初见

1943年10月,在南京,一个男人坐在院子里,随手抽出一本名为《天地》的杂志,他认识杂志社里名叫冯和仪的编辑。发刊词也是这位冯女士写的,他无可无不可地打开,继续朝下翻,有一篇叫《封锁》的小说,作者署名张爱玲。

他看了一两段,不由自主地坐直,这姿势维持到他把整篇小说看完,又翻回来重看。他看了一遍又一遍,又向朋友推荐,朋友也说很好,他仍然觉得不足,因为那一声"好"太平淡,可以加诸所有事物。

他于是写信跟冯和仪 —— 笔名叫苏青的编辑打听张爱玲,苏青说,作者是个女子。那句名言就是这会儿冒出来的,胡兰成说:"我只觉世上但凡有一句话,一件事,是关于张爱玲的,便皆成为好。"啥意思,就是"女子"这个普通的词,只因是讲张爱玲的,就好得不得了了。

这是胡兰成的叙述,写在《今生今世》里。许多年后,《小团圆》里也写到这一段,却凶猛得多。他们好上之后,汉奸高官邵之雍对女作家盛九莉说:"你这名字脂粉气很重,也不像笔名,我想着不知道是不是男人化名。如果是男人,也要去找他,所有能发生的关系都要发生。"

邵之雍是胡兰成,盛九莉是张爱玲。

看一个人写得好，就想跟人家有点不寻常的关系，这种心理也挺奇怪。世上写得好的人多的是，有的还已经死了，光凭写得好这个标准是不够的，再说人家是不是想和你有关系呢？

有人说大概是一种占有欲，这样倒是好理解了，但我觉得可能更重要的是想和了不起的事物建立关系，爱，是最快捷又最有深度的一种。追星差不多也是这样吧，不过胡兰成这时在汪伪政府任"高官"，很当自己是个人物，认为能够建立双向的关系。不管怎样，这种先入为主的爱，实则是一种先天缺陷。

我们先说这篇小说为什么让这个中年男人如此激动，以下是它的内容梗概：

银行里的会计师吕宗桢，和大学女教员吴翠远，都是普通意义上的好人，在一个毫无预兆的下午，上了同一辆公交车，遇上了封锁。

"封锁"就是交通管制。《色·戒》中，王佳芝暴露之后，有人扯着根绳子拦断了街，她和那个小团体就都被抓住了。吴翠远和吕宗桢遇到的这场封锁不知道啥情况，总之，车停了。

吕宗桢原本坐在车厢另一端，突然看见一个他很烦的亲戚，慌不择路，挪到吴翠远旁边。但那人还是看到了他，吕宗桢干脆把一只胳膊放在吴翠远身后的窗台上，让对方以为他搭上新欢而尴尬避开。

为了让那个亲戚知难而退，吕宗桢巧舌如簧地跟吴翠远搭讪。这其实不怎么像一个会计师的做派，调情是个技术活，不大可能瞬间无师自通。然而他调得还不错："你知道么？我看见你上车，前头的玻璃上贴的广告，撕破了一块，从这破的地方我看见你的侧面，就只一点下巴。后来你低下头去从皮包里拿钱，我才看见你的眼睛，眉毛，头发。"

他说得很有画面感，她借他的眼睛看自己，也自有一种风韵。她真心实意地快乐起来，判断这人虽然不着调，却是一个能让人快乐的、真的人。她所不知道的是，他眼角的余光一直在瞥另外一个人，那个人果然识趣地退到三等车厢里去了。

吕宗桢目的达成，他也并不喜欢这萍水相逢的女人，她太白，太规整，跟他太相似，一个"好人"不会被另一个"好人"诱惑。他变得正经起来，但立即就走也不好，车不还没走呢。

他随口抱怨他的生活，抱怨他的妻子，又说他们银行里的人际纠纷，家里怎样闹口舌，他的秘密的悲哀，读书时代的志愿……无休无歇的话，可是她并不嫌烦。他发现了她的善解人意，她温柔的美，他看着她的脸，像一朵淡淡几笔的白描牡丹花，额角上两三根吹乱的短发，便是风中的花蕊。吴翠远的脸红了，他们恋爱了。

吴翠远的爱，来自寂寞，她寂寞，缘于她是一个"好女人"。她的世界，被一个"好"字包围着，像那城堡里的睡美人，必须等待着一个王子冲进来，把洁净的、无辜的她吻醒。但是王子不来，她也看透那只是个童话，周围的人还要让她自欺欺人地把公主扮演下去，她早就不耐烦了。

在公交车上，与一个来路不明的男子邂逅并恋爱，不怎么靠谱，但正可以对那个"好世界"有冲撞。就像张爱玲曾经写过的单车上的少年，在冲向人群的一瞬间突然松开车把，人生的可爱常常就在那一撒手之间。一场不被接纳的恋爱，是吴翠远可以做到的叛逆与挑衅。

他们甚至谈到了婚嫁，她想起家里人知道肯定要生气，生气就生气，活该气。但他说他不能害她，她想到自己以后要嫁别的人，再也不可能碰到像他这么可爱的人，伤感得哭了。

他跟她要电话号码，她说得飞快，以此考验他的爱情，就在他手忙脚乱地掏自来水笔准备记下的时候，封锁解除了，电车当当当地朝前开去了。而吕宗桢一弹而起，就像他最初突兀地出现在吴翠远眼前一样，又突兀地消失了。

吴翠远以为他下车了，自顾自地想象下一节：假如他打来电话——就在这时，她看见吕宗桢遥遥地坐在原先的位子上，他没下车，这所谓的恋爱，只是逢场作戏，他并非要骗她，中间有那么一小段时间，他也真情实感地动了情，但那又怎么样？有人就是感情丰富，读菜单都能读得声泪俱下。

这个小说写得有点夸张，但很有意思。小说中的男的很现实，张嘴就来，说撤就撤。女的则是太容易入戏。她的"家里人"和我们现在的"家里人"差不多，一开始管头管脚，愣是把孩子管成一个对人生失去掌控力的"好人"，反过来又怪他们没能耐。

用现在的话，这就是一个陷入中年危机的男人，遇到了一个快要扛不住压力的年轻姑娘——其实放现在他们也都算天之骄子了。他们想用谈恋爱的方式，超越平凡生活，但当时间的封锁取消，重新进入无尽的过去与将来时，他们也会回到各自的位置上，宛若什么都没发生。男人尤其是这样。

小说写压力那部分很现代，写爱情那部分有点古典。将现代人错综复杂的心绪表现得立体，难怪胡兰成一看就爱上了。他也要超越他平凡的生活，去找这个人。

2......江山，美人，荡子

胡兰成是浙江嵊县（现名嵊州）胡村人，父亲在茶叶店帮工，母亲做些农活。在他笔下，父亲豁达慷慨而母亲平静和悦，俩人闲时对坐小饮，举案齐眉，若一对不老的金童玉女。

他这话说得漂亮，但拨开华丽字眼，真相是他祖上也曾"阔"过，到他父亲这辈开始潦倒，家中长年累月地欠债，直到胡兰成后来做了"高官"（胡兰成自言）才还清。

艰难生计里，金童玉女也是要打架的，两人打得从楼梯上滚下来。胡兰成说，他的母亲恼父亲，为的是父亲家里的事情不管，到外面去管闲事。说起父亲管闲事这一桩，胡兰成也有点儿啼笑皆非，说是叫人真不知道怎样说他才好，经常出力不讨好。

比如说，一个邻居打官司，胡老爹跑前跑后，倒贴旅费诉讼费陪人家告状，好不容易打赢了官司，那位邻居的老婆却不领情，因为开销倒大于所得。那女人就嘀嘀咕咕抱怨个不休，胡老爹听了也无话，只有默然惭愧而已。

怪哉！胡老爹又没有占到什么便宜，这不是助人为乐吗？就算愚妇人只顾眼前利益瞎嚷嚷几句，他也大可以不放在心上。先贤早准备了现成的两句话："岂能尽如人意，但求无愧我心"，胡老爹惭愧啥？

他惭愧，是因为他"僭越"了。

胡兰成说，别人家打官司，为人家调和的人是由乡绅充任的，轿进轿出。鲁迅先生的小说《离婚》中，那位调和爱姑离婚事件的七大人，就是个实例。他的缎子马褂闪闪发光，脑门上也像抹了猪油似的发亮，更不用说手里把玩的那件珍贵无比的"屁塞"，成功地隔开了他与普通民众的距离。所以，他一个喷嚏就能吓得泼悍的爱姑心脏一停，他一发话别人不敢不从。

这种"管闲事"的调和人，是中国乡村社会民间自治中的一环，由有身份地位压得住阵势的人充当。

胡老爹向往这种威仪，没有金刚钻，也想揽那瓷器活。邻居家这桩官司，没准就是他撺掇的，他可以从中过过瘾，人家吃了亏，当然要怪他。他这样没事找事，难怪胡兰成他娘要跟他从楼上打到楼下来。

胡兰成随他爹。读了几年书，胡兰成也不能像普通小知识分子那样，找个糊口的工作，谨小慎微地守着、辛苦着、委屈着，一辈子过完了。一个"荡子"的志向要远大得多，他在杭州邮电局找到了第一份工作，薪水也尚可，却仗着年轻气盛，随随便便就与上司闹翻了。

天下如此广大，世界有无限可能，他一路借钱做路费，由杭州，经上海，还到北京做了一阵子北漂，在燕京大学的副校长室弄了份抄写员的差使。后来又辗转于南宁、百色、柳州各地，做中学教员。

凭着一股心气，他从浙江乡下来到外面的大世界，野心时时蠢动，自卑忽而泛起。眼花缭乱的物质生活，传说中三头六臂的"人物"，化作风云万千，劈面而来，径直迎上去的他，是一无所有的。

在燕京大学，他很荣幸地认识了一个名叫卿汝楫的人，此人虽是个学生，但是一直追随李大钊，早早成了一个优秀的革命者。李大钊被张作霖杀害后，此君处境甚是危险，有事必须出校门时，胡兰成总是守在身边，想着万一遇上什么事，自己可以挺身相代。

听上去，胡兰成有热忱，大无畏，但我对于故事的真实性却很有些怀疑。多年后，他的红颜知己周训德受他连累入狱，他也说要挺身而出的，但思虑千百转，还是无奈作罢。起初的激烈，很难说不是他喜欢这种戏剧化的姿态，长袖一甩，可以让激情来得虎虎生风。

另一方面，浩荡的江湖里，他是渺小的，渺小到只有靠牺牲才能刷存在感。他后来还跟卿汝楫说要刺杀张作霖，近乎大话欺人，就凭他这手无寸铁未经训练的文弱书生，即使张作霖就在眼前，估计也不知如何下手。所以卿汝楫只淡然道，那可用不着。胡兰成又说，我因佩服他，才没有舍身。

他到底是否因此才没有舍身且不论，一个初涉江湖的小青年的自卑与野心，在这样一番心理活动中却表现得淋漓尽致。

那些年，他如片羽飞蓬，在世间辗转，看人眉高眼低。三十年代初，他妻子玉凤死去，留下一岁半的小女儿棣云，因付不起保姆费，小女婴患上了奶痨，葬在母亲身边。

即使在他已经因一两篇文章被《中华日报》赏识，出任主笔之初，口袋里也没几个大钱。续娶的妻子待产，他要洗衣做饭加带孩子，蹲在后门口的风地里生炉子。好容易小儿出世，却患上了肺炎，他到处借贷，一无所获，只能眼睁睁地看着婴孩来这世上二十天，便殓入小棺木中。

胡兰成写到这些，仍然喜欢天上地下七拉八扯，他习惯于粉饰苦难，把自己打扮成苦界中拈花而笑的君子，但真的不痛吗？我不相信。胡兰成曾自言年轻的时候，常习惯地默念一个"杀"字，潜意识里有戾气。

他从小地方出来跑江湖，残羹冷炙，磕磕绊绊，好在心理强大，寄人篱下也能"端然"（这是胡兰成最喜欢用的一个词，出处在后面有介绍），但总归是无奈，好容易弄到这么个位置，老大看上去还很赏识自己，怎么舍得离开呢？

胡兰成的跟随，换回老大的恩典，汪精卫给他加薪了，从六十加到了三百六，隔三岔五，还给发个一千两千的"机密费"。

汪老大给钱很有特点，喜欢从内室里面掏出一摞大钞，甩在小弟跟前。这场景，可以参看《龙城岁月》《旺角黑夜》之类的黑帮片。胡兰成却也有他的一种解释，说汪先生这样给钱，透出民间人家对朋友的一种亲切。

汪太太倒是会说话，对胡兰成说，你就当汪先生是你兄长，我是你姐姐，按年龄我也做得你姐姐。胡兰成当时没接腔，很得色的样子，只是在多年后顺手写进了回忆录。

经常看见有人一说起胡兰成，就说汉奸高官云云，言下之意，倒像是张爱玲傍了他。殊不知他听说张爱玲是在1943年，两人相识于1944年，这时胡兰成跟了汪精卫不过四五年，每月薪水三百六十元，也就是一个金领的水准。加上那一千两千的，除掉开销，估计也就刚刚开始脱贫致富奔小康。

而这貌似平淡的世间，隐藏着无尽的繁华富贵，文明与财富的积累，深不可测，任你已然衣冠楚楚，它冷冷一瞥，就能把你打回原形。新发迹的人，心里是没底的，胡兰成的所谓高官，在张爱玲那样不动声色的高贵家世面前，马上原形毕露。在他遇到张爱玲之前，连艳羡都不敢有，他找不到大门，甚至找不到踪迹。

遇到张爱玲之后，才开始一切皆有可能。

3. 胡兰成和苏青

还没等胡兰成跟张爱玲见面，他就因为"政见"与汪精卫不合，干脆"越级"直接去勾搭日本人。汪精卫大为不满，把他投进了监狱。胡兰成说，后来张爱玲告诉他，那期间，她曾和苏青去周佛海家为他说情，胡兰成后来听张爱玲说起，连连叹她幼稚，他跟周佛海就不是一派。

别管汉奸们都有哪些派系了，只说一向以热心肠为耻的张爱玲，为什么要去周佛海家为胡兰成说情？她怎么就知道有胡兰成这么一个热心粉丝？

《小团圆》里，张爱玲写道，女作家盛九莉告诉她的女友比比，有人在杂志上写了个评论夸赞自己，然后编辑写信告诉她，那人被关进监狱了。她是当成个笑话说给女友听的，笑这乱世的翻云覆雨。她没有告诉比比，编辑把那评论的清样寄给她，雪白的纸上有大字朱批，线装书一般美，她舍不得寄回去。

她还想去救他出狱。

书里没明说，她只是想去，还是真的去了。但我严重怀疑她只是那么一想，她的行动力没有那么强吧，而且她说，她鄙视年轻人的梦。

最后是日本人把他救出来的。

胡兰成说："及我去上海，一下火车即去寻苏青。苏青很高兴，从她的办公室陪我上街吃蛋炒饭，随后到她的寓所。我问起张爱玲，她说张爱玲不见人的。问她要张爱玲的地址，她亦迟疑了一回才写给我，是静安寺赫德路口一九二号公寓六楼六五室。"

这一段也简洁，但我看着总想在某个句号后加点什么。被胡兰成刻意省略掉的那些话，苏青替他写出来了。她用了化名，却也有明眼人看明白了，2008年7月1日，黄恽的博客里做了个小小的考证：

《续结婚十年》中第十一章《黄昏的来客》，写了原型是胡兰成的"谈维明"来到苏青房间，胡兰成是撰文赞扬过苏青的，苏青对他很有好感。

这位"谈维明"在苏青面前大谈鲁思纯（陶亢德）、潘子美（柳雨生）的坏话，还分析金总理（陈公博）"老而昏庸，一个典型的糊涂者"，戚先生（周佛海）"有小聪明而其实不足道"，一来二去的，苏青"开始对他感到惊奇"。

苏青认为，"这是一个十足像男人的男人，他的脾气刚强，说话率直，态度诚恳，知识丰富，又有艺术趣味。""他虽然长得不好看，又不肯修饰，然而却有一种令人崇拜的风度！他是一好宣传家，当时我被他说得死心塌地的佩服他了。"最后，苏青"竟不由自主地投入了他的怀抱"。

一阵激情之后，"谈维明抱歉地对我说：'你满意吗？'我默默无语。半响，他又讪讪地说：'你没有生过什么病吧？'"这样的质疑使两人刚才建立起的脉脉温情立时消散殆尽，苏青感觉到了侮辱，"我骤然愤怒起来。什么话？假如我是一个花柳病患者，你便后悔也已嫌迟了。"

随后的情节发展很有戏剧性，苏青对谈维明翻了脸，当胡兰成谈到自己对女人的征服快感，炫耀自己的性能力时，苏青感到"眼前的男人不像个男人，所以我便不屑以柔声相向了"。

刚才还是一个"十足像男人的男人",不一会儿,就成了"不像个男人"。苏青在大发一通议论之后,用这样一段对话为这一章做了结束:

"你恨我吗?"他严肃地说。

"……"

"恨我什么呢?"

"你不负责任。"

"我要负什么责任?"他忽然贴着我的脸问,"同你结婚吗?"

"谁高兴同你……"

"这样顶好。"他又严肃地说,"我可从来没有想到要同你结婚过。你不是一个安分守己的女人,怀青。谁会向你求婚便可表明他不了解你,你千万别答应他,否则你们的前途是很危险的。一个聪明能干的女人又何必要结婚呢? 就是男人也是如此……"

"那么你又为什么同我……?"

他哈哈大笑道:"这因为我欢喜你。怀青,你也欢喜我吗?"

我骤然把脸闪开来,笑道:"我是不满意。在我认识的男人当中,你算顶没有用了,滚开,劝你快回去打些盖世维雄补针,再来找女人吧。"

他显然愤怒了,但却又装得鄙夷不屑地说:"你怎样可以讲这样的话?"

"我本来就是一个这样的女人,哈哈!"

他郁郁地走了;听他脚步声走远后,我这才伏枕痛哭起来。

2009年4月出版的《小团圆》里,对这段关系则是这样描述的:

她从来没有妒忌过绯雯,也不妒忌文姬,认为那是他刚出狱的时候一种反常的心理,一条性命是拣来的。文姬大概像有些欧美日本女作家,不修边幅，石像一样清俊的长长的脸，身材趋向矮胖，旗袍上罩件臃肿的咖啡色绒线衫，织出累累的葡萄串花样。她那么浪漫，那次当然不能当桩事。

"你有性病没有？"文姬忽然问。

他笑了。"你呢？你有没有？"

在这种情况下的经典式对白。

他从前有许多很有情调的小故事，她总以为是他感情没有寄托。

在苏青笔下，胡兰成问苏青有没有病，是在他没有索要到对他性能力的称赞之后，报复性地询问；在张爱玲笔下，则是苏青问胡兰成，是一个风流女人偷欢之后，突然后怕起来。

张爱玲写《小团圆》时，应该已经看到了苏青的这段文字，她还是不由自主地袒护了胡兰成。

三个人各有所隐，看胡兰成写这一段，好像他去只为要张爱玲的地址，苏青则是隐藏了说胡兰成跟她要地址的事。苏青写给他之前的那点"迟疑"亦大可玩味，不知道是在他们那次见面的哪个节骨眼上。因为已经去了寓所，感觉哪个节骨眼要另一个女人的地址都不太合适。

反正胡兰成是拿到了张爱玲的地址，第二天就去找她。

4……你怎么可以这么高？

这天张爱玲在家，但她说她不在。她不招待不速之客，和张爱玲曾有交往，后来又闹翻了的潘柳黛，生动地刻画过张爱玲的孤介脾气：

如果她和你约定的是下午三点钟到她家里来，不巧你若时间没有把握准确，两点三刻就到了的话，那么即使她来为你应门，还是照样会把脸一板，对你说："张爱玲小姐现在不会客。"然后把门嘭的一声关上……万一你迟到了，三点一刻才去呢，那她更会振振有词地告诉你："张爱玲小姐已经出去了。"

胡兰成从门洞里递进去一张留有电话号码的字条，转身离开。第二天中午，张爱玲打来电话，说要亲自登门拜访。

许多年之后，一个超级张迷水晶接到张爱玲的邀请电话，兴奋的同时，联想起张爱玲给胡兰成的这个电话，总结道：她总是主动。确实，她总是主动，但这次主动，却有所不同。

《小团圆》里，在盛九莉与邵之雍初见之前，张爱玲写了那么一小段："这天晚上在月下去买蟹壳黄，穿着件紧窄的紫花布短旗袍，直柳柳的身子，半鬈的长发。烧饼摊上的山东人不免多看了她两眼，摸不清是什么路数。归途明月当头，她不禁一阵空虚。二十二岁了，写爱情故事，但是从来没有恋爱过，给人知道不好。"

有多少女子的爱情，始于这空虚。

《牡丹亭》里，杜丽娘游春到芳园，"良辰美景奈何天，赏心乐事谁家院！朝飞暮卷，云霞翠轩；雨丝风片，烟波画船——锦屏人忒看的这韶光贱！"好风景引起身世之感，她叹道："昔韩夫人得遇于郎，张生偶逢崔氏，曾有《题红记》《崔徽传》二书。此佳人才子，前以密约偷期，后皆成秦晋。吾生于宦族，长在名门。年已及笄，不得早成佳配，诚为虚度青春，光阴如过隙耳。可惜妾身颜色如花，岂料命如一叶乎！"

你看，她并没有遇到如意郎君，只是天气太好，时间很对，她希望与一个合适的人相爱,她的爱情是由季节、时令、她的年龄以及阅读经验而起,这时,只要来个差不多的人,就会遇上她热切的爱情。

深闺之中,她没有崔莺莺那样的运气,她做了一个梦,梦见一个男人,就爱上了他。但换个角度看,崔莺莺看上的,未必就不是自己想象中的那个人,张生只是赶巧走过来,与她心中的幻影合体。

上帝说,要有光,便有了光。女人说,我要恋爱,便开始恋爱。不管走过来的男子是谁,只要有那么个人影在,她们就会把他变成自己的恋人。张爱玲也说过,我们都是通过爱情小说知道爱情这件事的,换言之就是,爱情不是被某个人唤醒的。

张爱玲也想恋爱了。所以她看到印有胡兰成评论的清样纸会觉得美不胜收,甚至动念想去救他。而他亲自登门,她却无法猝然与之相对。胡兰成说,她是做什么都要用大力的人,哪怕开一个罐头,脸上都有全力以赴的郑重。

她的刻板,是因她对许多事物看得珍重,要准备好了才可以开始。在家中接待女友,也要盛装以待,第一天对于胡兰成的拒绝,大约也有未做准备的心慌。

但是,即使有备而来,当她一个人,坐在那个陌生男子的客厅里,仍然不能从容。有一类人只有在确认自己足够安全之后,才能够把自己打开,表现出生动机智具有弹性的一面。这种"安全",不只是不受侵犯,还要确定对方足够聪明,对自己足够喜欢,每一句话都会被认真倾听,而不会白白流失。在得到验证之前,她们抱紧双臂,姿态僵硬,尽量删繁就简,不做任何个性化发挥,看上去灰暗而无趣。这是她们自我保全的方式。

胡兰成可不明白这点,看到这么一个拘谨的张爱玲,他首先是不喜欢。他在关于前妻的文字里表示,他喜欢那种下巴尖尖的、烟视媚行的俏丽女子,而张爱玲是身材高大、面孔则如平原缅邈的。

其次，胡兰成长袖善舞，最擅长掂量对方的分量，这分量不只由身份背景决定，还和姿态有关，一般说来，谁主动，谁就落了下风。

前一天他吃了个闭门羹，很狼狈，今天张爱玲自个儿巴巴地上门了，一副老实相，他就怀疑她是一个穷女人，心里想战时的文化人原本苦。他问她的收入，明知道这样是失礼的，可是那又有什么关系——一个"高官"面对一个没见过世面的"穷女孩"，冒失一下也是无所谓的。他是曾佩服过她的才华，可是眼前的张爱玲不能使他当她是个作家。

他不觉得她美，也不喜欢她，但这一点儿都不妨碍他在她面前大秀口才。他是那种话多的男人，前生后世，见解多多，正如张爱玲引用过的那句俏皮话："他们花费一辈子的时间瞪眼看自己的肚脐，并且想法子寻找，可有其他的人也感到兴趣的，叫人家也来瞪眼看。"有趣的是，张爱玲引用这句话时，正在和胡兰成恋爱，这叫灯下黑吗？

胡兰成一口气说了五六个小时，批评时下流行作品，又说她的文章好在哪里，还讲自己在南京的事情，张爱玲这时倒是一点儿不尖锐，只管孜孜地听着。张爱玲曾说，和人谈话，如果是人说她听，总是愉快的；如果是她说人听，过后思量，总觉得十分不安。但就算她是一个乐于倾听的人，坐在陌生男人家里，听他唾沫星子乱飞地讲上五六个小时，也是不正常的，除非，她特别愿意听这个人讲话。

让我们还原一下当时的场景，五个小时，从中午到傍晚，这个半老男人，在安静的小女生面前，滔滔不绝，喋喋不休，用第三者的眼睛看过去，真是很羞耻啊！

况且他说了那么多，表达了那么多的观点见解，一定会说错一些吧？后来他跟张爱玲熟了之后，简直没法在她面前说话，相对于她的聪敏灵慧，他说什么都说不到点子上，不准确的地方夸张，准确的地方贫薄不足。那么，在那之前的这场演说，又该有多少破绽？

然而，正是这些破绽，拉近了他们的距离。完美的东西是让人紧张的，因为会让对方照出自己的不足。张爱玲多年来，正是生活在完美的紧张中，她母亲，她姑姑，都是那种不肯有破绽的人。张爱玲曾说，她姑姑的家，对于她是一个精致完全的体系，无论如何不能让它有丝毫毁损，哪怕只是打破桌面上的一块玻璃，又碰上自己的"破产期"，她还是急急地把木匠找了来。

破绽则让人松弛，张爱玲回忆，在雾一样的阳光里，和父亲坐在堆满了小报的房间里，谈谈亲戚间的笑话的情景，那里的光阴永远是下午，坐久了便觉得沉下去、沉下去——两个词叠用，带出恋恋的惆怅。

我不知道，在那个下午，在胡兰成的房间里，她是否有一种时空交叠的感觉，仿佛回到从前。但起码，这个男人无休无止的话语，应该让她感到安全，有埋在松弛里的安稳。

送张爱玲出来时，两人并肩走，胡兰成忽然说，你的身材这么高，这怎么可以？言下之意是和我怎么可以？这是在调情。他说了并不喜欢她。只是作为一个调情爱好者，见到个女的就想练练手热热身，贼不走空。

说起调情这件事，张爱玲的段位肯定更高一些，看看她写的《倾城之恋》吧，范柳原说白流苏穿着雨衣就像一只药瓶，凑近了——你是医我的药；《沉香屑——第一炉香》里乔琪说薇龙是他的眼中钉——这颗钉再没希望拔出来了，留着做个纪念吧。相形之下，胡兰成的这句撩拨实在粗蠢得露了痕迹，张爱玲很诧异，几乎要起反感了，但终究没怎么样，"没怎么样"之后，俩人就很近了，张爱玲的心动了。

即使你有一颗七窍玲珑心，照得见世间一切的可笑与猥琐，即使你有着钻石般可切割万物的锋利眼神，你仍然逃不出自己的宿命。你想要爱，想跟人建立亲密关系，你就必须忽略掉那些小小的bug，装作视而不见，径直走向自己的目的地。

认识胡兰成这年,张爱玲已二十三岁,知道爱情的美,却没有可以爱的人,小说里写下那么多经验得不到实践——是生活圈子太小,还是她小女孩式的生涩看上去很像一种傲慢,令人望而却步?她难免有高处不胜寒的落寞。

胡兰成不在乎在女人面前受挫,在他眼中,女人分为两种,搭理他的和不搭理他的。他能把前者夸上天,恨不得拿观音菩萨去比喻;对于后者,比如他在广西教书时,那些不怎么待见他的女教员,他就称人家为娘儿们,用鼻子哼一声,心里想"你就省省吧"。

他毫无心理负担,见个女的就想一试身手。他的冒犯,正好击破了张爱玲的水晶外壳,外面的光线与温度涌进来,让她心里的那朵花,可以热烈地、招展地,就此开放。

胡兰成曾说,江山与美人,注定要落入荡子的怀中。忽略掉他的自鸣得意,这句话也不是没有道理。君子矜持,每每错失良机;荡子无谓,攻一点而不及其余,就算出击过程中留下破绽多多,可这破绽,未尝不是一个入口。

5 "因为懂得,所以慈悲"

虽然胡兰成说他不喜欢张爱玲,但好容易有个听众,还是女作家,他总是开心的。第二天他跑去看她,做好了体恤贫穷女作家的心理准备,但是,进得张爱玲家中,他就开了眼。

他用"华贵"这个词来形容,并不是陈设家具很值钱,满坑满谷的红木家具之类的。张爱玲已经进入"后贵族"时代,房间里是一种现代的新鲜明亮的色调。如果说这几个字比较难以想象,我们可以增加一个细节:张爱玲十来岁时,就在她母亲的公寓里看见了瓷砖浴盆和煤气炉子,而张爱玲现在住的这间公寓，正是她母亲布置的。

当年胡兰成在浙江乡下，看见邻村的大小姐打他们那儿下轿歇息，那种大家女子的新打扮，以及背后透露出的富贵荣华，尚且让他心生爱意，眼前的张爱玲，富贵在骨子里，在他的想象力之外。这才是真正的上海小姐，胡兰成深深地折服了，说，很刺激。

回去之后，胡兰成就给人家写信，写得很吃力，像五四时候的新诗，张爱玲看了都觉得骇然可笑。后来胡兰成自己回想起来，也觉得惭愧，怎么可以那么矫揉造作？

不过没关系，张爱玲一点儿也不介意，对于喜欢的人，她是擅做解释的。胡兰成信上用"谦逊"二字来形容她，张爱玲认为道着了自己，她对于世间万事万物，纵然看破，还有一种俯首低眉的虔敬，于是她给胡兰成回信，说他"因为懂得，所以慈悲"。

我总觉得，胡兰成的这个"谦逊"，怕是没有这番深意，倒可以按照常理去推，她的家世这么显赫，她这么才华横溢，她的世界这么富贵，她却羞涩安静得像个女学生，这不是谦逊是什么？

误解碰撞上误解，却溅出爱情的火花，张爱玲和胡兰成的这段情缘，老是让我想起《不能承受的生命之轻》里萨宾娜与弗兰茨的爱。

弗兰茨崇拜忠诚，热衷于向萨宾娜描述他对母亲的忠诚，他希望她被自己的这种品行打动。萨宾娜更着迷于背叛，在背叛中寻找自己，她不停地背叛上一次的背叛，直到抵达内心的真实。

弗兰茨喜欢音乐，他认为音乐能使人迷醉，是一种最接近酒神狄俄尼索斯之类的艺术："谁能克制住不沉醉于贝多芬的第九交响乐、巴脱克的钢琴二重奏鸣曲、打击乐以及'硬壳虫'乐队的白色唱片集呢？"萨宾娜恰好相反，她说，音乐越放越响，人反会变成聋子。因为他们变聋，音乐声才不得不更响。

还有光明与黑暗，墓地与纽约之美，他们的看法从来都没有合拍过，他们对每一个词的理解都不同。"如果把萨宾娜与弗兰茨的谈话记录下来，就能编一部厚厚的有关他们误解的词汇录了。"可是这一点也不妨碍他们相爱，我想原因在于，当人们想要爱的时候，他们总是可以用误解来诠释误解，从而达到一种匪夷所思的和谐统一。

那些日子，胡兰成每隔一天必去看张爱玲，去了三四次以后，张爱玲突然变得很烦恼，而且凄凉，某日送来一张字条，让胡兰成再不要去看她。

换成一个没经验的男子，一定会手足无措，很严重地自我反省。胡兰成只是一笑了之，可能还有没说出来的得意。凭着经验，凭着居高临下得以隔岸观火的洞察力，他知道，她变得这么别扭，是因她爱上了自己。

不错，张爱玲烦恼，是因为她感受到了自己的爱。《小团圆》里说，他坐在沙发上跟两个人说话。她第一次看到他眼里有轻蔑的神情，很震动。她崇拜他。

这句话口气轻淡，却似自嘲，他眼里轻蔑的神情为何让她震动？是否因为轻蔑里有一种高高在上的力量感？她接触过的男子，谁能如此有力？所以她说，她崇拜他。

而那凄凉，更让胡兰成得意，凄凉感来自有所求，来自不确定，古典诗词里比比皆是，恋爱让张爱玲这个现代人变古典。

但她骨子里依然是现代的，《小团圆》里，汪伪高层邵之雍想给女作家盛九莉一个准信，对她说："我不喜欢恋爱，我喜欢结婚。"自以为送了她一份大礼。她却迟疑，说："我现在不想结婚。过几年我会去找你。"

他当她是欲擒故纵，她心里却浮现出了一幅图景，战争结束后，他逃亡到边远的小城的时候，她千山万水地找了去，在昏黄的油灯影里与他重逢。

她从一开始就知道日军必败,他作为汉奸日暮途穷,但她没打算要一份一定有前途的爱情,甚至于当他对她说"我们将来",或者"我们天长地久的时候",她都不能想象,"感到轻微的窒息"。但她后来与燕山在一起时,则对两个人的生活有很具体的想象。

崔莺莺爱上张生便想到一世一生,张爱玲却清楚这不过是一段如烟花般灿烂又短暂的乱世情缘,那边远小城的油灯影,是她想象的尽头,是电影终场时,打在屏幕上的那个大大的"完"字。

听上去好像有点儿玩弄感情是不是?——假如你不把"玩弄"二字作贬义理解的话。爱情是这现实人间愉悦自己的游戏,你可以玩得天长地久,也可以花开一瞬,而张爱玲跟胡兰成,若只做一段际遇处理,对两人也许都更好一些。

> 等于走过的时候送一束花,像中世纪欧洲流行的恋爱一样绝望,往往是骑士与主公的夫人之间的,形式化得连主公都不干涉。

假如《封锁》里的吴翠远有这份悟性,也不会陷入自作多情的窘境了。

但在抵达那边远小城之前,他们还得漫长地恋爱。当他提出为她离婚,她虽然迟疑,却也半推半就。他有些日子没来,她有如释重负的轻快,却也不无惆怅,当他再次登门,她高兴了起来。

胡兰成在叙述中,总是有意无意地透露,都是她主动,是她先动了心。他说他曾跟她提起她登在杂志上的那张照片,并没有跟她要的意思,但她取出来送给他,还在照片背后题字:

> 见了他,她变得很低很低,低到尘埃里,但她心里是欢喜的,从尘

埃里开出花来。

这段话经胡兰成卖弄之后,流传得非常广,以至于我用搜狗拼音输入法敲字,刚打出前面的几个字,后面就出来一大串,都形成联想了。我以前看这段话,心想,用不着这么夸张吧?要是我,就不会说。数年之后再看,发现这貌似卑微的言语背后,正体现出张爱玲的彪悍和飞扬。

自感卑微的人,不会这么说,因为太看重对方,不敢逾矩一点点。至于张爱玲,也许是她看透了这只是一场乱世之恋,她亲眼见过战火能焚烧掉一切,想到立即去做恐怕都来不及,又何须那么多的铺陈?这是她的真,也是她的明白。

而张爱玲的低眉,更大程度上是对于"爱情"本身的谦卑。眼前的男人,也许没那么聪明,平平无奇,但他是"爱情"的使者,"爱情"的形象代言人,她不由得恭顺起来。在"爱情"面前,再怎么谦卑也不丢人。

6……… 照花前后镜,花面交相映

对于张爱玲,那场恋爱是一场精神狂欢。她向来缄默,但内心同样有着想要讲述的愿望。可是,她没有听众。

早年她父亲是很好的谈话对象,他看重她,珍爱她,但那样的好时光,已经风流云散。她投奔母亲,母亲教她如何做个淑女,一个淑女是笑不露齿的,滔滔不绝是为大忌。

姑姑倒是个聪明有趣的人,但她太喜欢安静,常常抱怨"和你住在一起,使人变得非常唠叨(因为需要嘀嘀咕咕)而且自大(因为对方太低能)"。就算是玩笑吧,老是听到这样的玩笑,也会变得节制些吧,弄不清人家是不是半真半假。

张爱玲只剩下一个倾听者，就是女友炎樱。可是苏青说了，女友只能懂得，男友才能安慰，就算这话有失偏颇，但有些时候，自信满满的炎樱，确实不是一个好听众。

但胡兰成是。首先是他本身不太行，他在见识了张爱玲房间的华贵之后，又见识了张爱玲精神世界的丰富，她的写作天分自不必说，更让他开眼界的，是她学贯中西。张爱玲的弟弟曾转述她姑姑的话：你姐姐真有本事，随便什么英文书，她能拿起来就看，即使是一本物理或化学。要知道，姑姑可是留过学的啊，英文应该不会太坏。

这样的水准，当然能让半瓶子晃荡的胡兰成自愧不如。胡兰成于是想，就算西洋文学咱不在行，中国古书我总能压你一头。不承想，俩人一块儿读《诗经》《乐府》，那上面的字只跟张爱玲打招呼，都是她的熟人。而他勉为其难的表述，总像生手拉胡琴，每每荒腔走板，道不着正字眼，他心里沮丧得紧。

他完全被折服了，只剩下一件事，就是努力跟随她的脚步，崇拜她、赞扬她。说起胡兰成恭维人，那是一绝，他流亡途中，去结交梁漱溟，写信给他说：

> ……于学问之诚，可算今日中国思想界第一人，惟于己尚有所疑，未能蔚为众异，如内丹未成，未能变化游戏，却走火入魔，诸邪纷乘……

这段话啥意思呢？就是说，梁先生您啊，学问已经做到横向排名第一，但在你自己，还没修炼到极致。这两句话太厉害了。一般人只能做到第一步，也能把人夸舒服了，但那种舒服时间短，不能真正入心。重点是第二句，再狂的人，谁敢说自己就已经抵达真理的彼岸，像梁漱溟这种老实人，更是觉得自己就差那一步了。有了第二句,也让第一句变得更可信了。而"内丹未成""走火入魔"这样的词,则如算命先生的含糊的谶语,适用于一切命运,但众人都会以为是给自己特设的,并对这神机妙算大感惊奇,梁先生果然被他蒙住了。

晚年胡兰成在台湾,蒙朱西宁父女抬举,少不得要投我以桃,报之以李,居然说,他以前不大懂得李白,看到朱天心之后,就豁然开朗了。

一个高明的恭维者,会让对方以为自己的字句发自肺腑,以为只有他能衡量出自己的价值。马屁和知音,长得实在太像了。

张爱玲也未能免俗,何况胡兰成的马屁里,更夹杂着情话。他说得到位的,是懂得,说得不到位的,是爱,从未有人那样全方位多角度长时间地观看她倾听她,张爱玲真是欢喜得欲仙欲死,要把自己整个世界拿给他看。

她跟他谈文学、艺术、哲学,从清晨到黄昏,再夜以继日,连欢娱都成草草。

她有无穷无尽的小感觉,说给姑姑听,又要被抱怨嘀嘀咕咕。说给苏青听,她眼睛里一定会有藐然的笑容:你说的是文学吧? 我不大懂。说给炎樱听呢,她倒是有那个悟性,可中文程度有限,未必能领略其中的微妙,而且,她们也太熟,认识了那么多年,可以说的话,早已说过了……

现在好了,天上掉下个胡兰成,她可以跟他说,桃红色是有香气的;姓黄好,姓牛不好,张字没颜色,还不算太坏;给他看小时候母亲从埃及带回来的玻璃珠子,与他一道看浮世绘,看塞尚的画,看到画中人眼里的小奸小坏,就会笑起来;她也跟他讲《子夜歌》,里面有云:欢从何处来,端然有忧色。张爱玲叹道:"这端然真好,而她亦真是爱他!"这句话给胡兰成留下深刻印象,一本《今生今世》里,他这也端然,那也端然,横竖不知道端然了多少回。

那段日子,张爱玲把胡兰成当成了一面可心的镜子,照花前后镜,花面交相映，越看自己越是美不胜收。他想形容她的行坐走路，却心有余而力不足，张爱玲替他挑一个句子，说，《金瓶梅》里写孟玉楼，"行走时香风细细，坐下时淹然百媚"。

这个细节可见张爱玲对胡兰成的不设防，小范围内偶尔猖狂是人生之乐，对着知情识趣又爱你的人。《今生今世》里写，张爱玲对胡兰成的呼应不能更满意了，她说，你怎么可以这么聪明，她用手指抚过他的脸，说你的眉毛，你的眼睛，你的嘴，你嘴角这里的窝我喜欢……

唉，尽管如此，想到这不是小说而是现场还原还是觉得哪里不对。大概像钱锺书说的，情话像马屁，只能在两个人之间说，多一个人都尴尬，向外人显摆就更别扭了。

那时，张爱玲高估了这个男人的德行，却低估了这个男人的记忆力，她不知道，很多年后，她的情话将出现在他的笔下，作为他最重要的一笔资产。她惊怒而又百口莫辩，因为不管她怎么说，都是对他叙述的佐证，他求之不得。只能是咬碎银牙抵死沉默，倒让她自嘲地笑了。

7.......... 故作高深和误伤的"板砖"

胡兰成从这段爱情中受益良多，他学习了文化知识，学会了领悟文艺之美，用他的话说叫开了天眼。更重要的是，他终于得到了一个"上等"女人。李鸿章的曾外孙女，张佩纶的孙女，学贯中西，才华横溢，通身上下时髦得紧，这是他在浙江乡下时做梦也没想到的。这繁华世界，终于真正地向他打开了大门。

胡兰成和项羽一样，是个不肯衣锦夜行的主，他得意扬扬，容光焕发，恨不得全世界都来打听他的秘密，可是别人老不问，他只好主动说了。

他说，对于有一等乡下人与城市文化人，我只可说爱玲的英文好得了不得，西洋文学的书她读起来像剖瓜切菜一般，他们就惊服。又有一等官宦人家的太太小姐，她们看人看出身，我就与她们说爱玲的家世高华，母亲与姑母都西洋留学，她九岁即学钢琴，她们听了当即吃瘪。爱玲有张照片，珠光宝气，胜过任何淑女，爱玲自己很不喜欢，我却拿给一位当军长的朋友看，叫他也羡慕。

对自己的肤浅，胡兰成这样解释，爱玲的高处与简单，无法与他们说得明白，但是这样俗气的赞扬我亦引为得意。

可问题是，为什么非要别人明白？别人又怎么肯明白？当时也许会给个羡慕的表情，一转身，就会一通奚落——谁不是恨人有笑人无，何况你也没安什么好心，存心要压别人一头。

真的珍重，是要秘密地放在心里的，不肯与人分享，不肯轻易放在天光之下，怕它落了色，氧化了。而胡兰成不但说，还要写，他在《杂志》月刊上发表数千字的长文《论张爱玲》，这样写道：

> 张爱玲先生的散文与小说，如果拿颜色来比方，则其明亮的一面是银紫色的，其阴暗的一面是月下的青灰色。
>
> 是这样一种青春的美，读她的作品，如同在一架钢琴上行走，每一步都发出音乐。但她创造了生之和谐，而仍然不能满足于这和谐。她的心喜悦而烦恼，仿佛是一只鸽子时时要想冲破这美丽的山川，飞到无际的天空，那辽远的，辽远的去处，或者坠落到海水的极深去处，而在那里诉说她的秘密。她所寻觅的是，在世界上有一点顶红顶红的红色，或者是一点顶黑顶黑的黑色，作为她的皈依。

如果说，这种句子，还只是犯了堆砌和言不及义的毛病，接下来，他又拿她和鲁迅作比：

> 鲁迅之后有她。她是个伟大的寻求者。和鲁迅不同的地方是，鲁迅经过几十年来的几次革命和反动，他的寻求是战场上受伤的斗士的凄厉的呼唤，张爱玲则是一枝新生的苗，寻求着阳光与空气，看来似乎是稚弱的，但因为没受过摧残，所以没一点病态，在长长的严冬之后，春天的消息在萌动，这新鲜的苗带给人间以健康与明朗的、不可摧毁的生命力。

鲁迅和张爱玲的可比性且不论——我认为确实是有可比性的，可是，把张爱玲形容为一枝新生的苗，带给人间以健康与明朗的、不可摧毁的生命力，读来未免要骇笑。

不过在当时，似乎也没人跟他掰扯这个，最让人受不了的是，他再三明示暗示张爱玲的贵族身份，还在文中时不时来上一句"她这样对我说"，"她这样的性格，和她接近之后，我渐渐地了解了"……主动爆料，点到为止，存心去撩拨读者那根八卦的神经，我都能想象那张故作高深的面孔，看上去，很欠揍。

估计当时和我有同感的不少，但大家都是文明人，不大会去身体力行，唯有一个人，真的把思想变成了行动，拎着板砖就上去了。这个人，女作家潘柳黛是也。

看这个名字，潘而柳而黛，好不风流，但她行事，大有黑旋风李逵上来三大板斧之风。

按说，不管张爱玲跟李鸿章是怎么一回事，毕竟张爱玲是她的朋友，心里笑一声也就罢了。可这位旋风小姐却是个直肠子，属于有话就说的那种，一时心血来潮，就胡兰成那篇大作，写了一篇《论胡兰成论张爱玲》。

她首先把"胡兰成独占当时政论家第一把交椅"的事大大挖苦了几句，又问他赞美张爱玲"横看成岭侧成峰"是什么时候"横看"？什么时候"侧看"？这还不算，最后把张爱玲的"贵族血液"调侃得更厉害了：

> 因为她张爱玲是李鸿章的重外孙女，这关系就好像太平洋里淹死一只老母鸡，上海人吃黄浦江的自来水，他自说自话是"喝鸡汤"的距离一样，八竿子打不着一点亲戚关系，如果以之证明身世，根本没有什么道理，但如果以之当生意眼，便不妨标榜一番。而且以上海人脑筋之灵，行见不久将来，"贵族"二字，必可不胫而走，连餐馆里都不免会有"贵族豆腐""贵族排骨面"之类出现。

这篇文章发表之后，后果很严重——张爱玲从此不搭理她了。解放后，张爱玲到了香港，有人问她可曾去见潘柳黛，张爱玲余怒未消地说，潘柳黛是谁？我不认识。又跟宋淇说，她到香港见到了两个蛇蝎心肠的人，其中一位，指的就是这位潘柳黛。

可怜潘小姐还是没弄明白她怎么会把张爱玲得罪到这个地步，我倒是不明白她的不明白，换成别人这样说你试试？

8......无法演一场对手戏

除了潘柳黛捣乱，胡兰成和张爱玲的恋情，也有些现实麻烦。虽然张爱玲对胡兰成说，你以后在我这里来来去去的也可，但胡兰成的女人未必愿意。

这个胡兰成的女人，不是他的妻子全慧文，而是他的"妾"应英娣。

结发妻子唐玉凤去世一年之后，胡兰成觉得老婆好歹得有一个，同事给他介绍了全慧文，一见面就定了下来，大概她看上去宜室宜家——之前曾有漂亮的女同事要跟他，被他以"不宜于家室"拒绝了。

据胡兰成的侄女青芸说，她见过的胡兰成所有的妻"妾"里，全慧文最丑。但全慧文陪胡兰成度过了最为艰难的岁月，给他生儿育女，尽到了一个妻子的责任。

认识张爱玲的时候，全慧文还是他的妻，但已经从他的生命中淡出，他身边的女人叫应英娣，严格地说来，算是他的妾。全慧文还住在胡家，但是她得了"神经病"。

青芸说，全慧文的"神经病"，是在香港得上的。卢沟桥事变之后，胡兰成一度在香港工作，每每出门，总有邻家妖艳的妇人过来招呼，一边问好一边贴在胡兰成身上，全慧文从窗口看见了，心里很不舒服。她质问胡兰成，他说香港女人都这样。他跟别人说全慧文有"神经病"，不许他出门，但他总要上班的，两人就此疏远。

胡兰成回到上海之后，和歌女应英娣好上了，艺名叫小白云还是小白杨的，在一家名叫"新新公司"的旅馆里弄了个小公馆。全慧文有"神经病"，当然管不了，倒是侄女青芸不干了。那会儿她当家，胡兰成在外面寻欢作乐，开销一时大起来，几乎要弄到入不敷出。

青芸姑娘智勇双全，她先侦察后跟踪，终于在旅馆里，把六叔胡兰成抓了个现行，与他做了一番有理有据有情的谈判。很多年后，九十老妪胡青芸绘声绘色地跟作家李黎描述她和胡兰成的对话：

进去我问伊："侬在迭搭地方介许多日脚，屋里不管啦？""哪能哪能,"搞七捻三跟伊搞了一段,"那么侬在迭搭也弗来三,这个女人好伐啦?""我现在跟这个女人成家了。""噢,侬成家成了咯搭啦?旅馆里钞票多少贵了,屋里要开销的。"我讲,"既然侬要这样……"伊讲:"我在屋里写字写不好,神经病要吵的。"我讲:"侬回去罢。一个女人带回去。"带回去还是我讲的,将英娣带回去,带到美丽园住了,钞票好节省点。

把这段浙江方言翻译一下:进去我问他,你在这个地方这么多天,家里不管啦?胡兰成说,哪能哪能。我搞七捻三地跟他搞了一段,说,那么你在这里也可以,这个女人怎么样?胡兰成说,我现在跟这个女人成家了。我说,噢,你成家了?旅馆里花钱多厉害啊,家里也要开销的。胡兰成说,我在家里没法写东西,神经病会吵。我说,你回去吧,这个女人带回去。带回去还是我说的,把英娣带回去,带到美丽园住了,可以节约些钱。

这话说得好像他弄个小公馆是为了"写东西"。口口声声"神经病"三个字也跟他风流教主的扮相大相径庭。

青芸的一句"带回去还是我讲的",也真是掷地有声,看得出,全慧文早就形同虚设,小侄女青芸才是这家的女主人。当然了,她是为胡兰成着想,毕竟胡兰成跟《色·戒》里的老易没法儿比,别说拿出一枚八克拉的鸽子蛋了,就酒店长包也是吃不消的。

这应小姐当时也不过二十来岁,大概比张爱玲还小些,生得不高不矮,鹅蛋脸,白白胖胖,很漂亮。她进门后一直被胡先生捧在手掌心里,所以,张、胡之恋如火如荼之际,大太太倒没发话,应小姐已然冲锋陷阵,招呼过去了。

和胡兰成共过事的张润三在《南京汪伪几个组织及其派别活动》一文中说,应英娣在胡兰成对头的调唆下,曾去张爱玲的住处大闹。这样煞风景的桥段，胡兰成当然不会写进文中，不过若是有过这回事，张爱玲应该会写进《小团圆》里。可书中只是说，盛九莉在朋友家遇到邵之雍和他妻子绯雯，当着众人的面，绯雯满面怒容，过后还和邵之雍动了手。这位绯雯，应该就是英娣了。

英娣打了胡兰成，还是气不过，一怒之下提出离婚。胡兰成说，英娣竟与我离异，言下大诧异，很无辜，更离奇的是这句：英娣与我离异的那天，我到爱玲处有泪，爱玲亦不同情。

想什么呢？是要张爱玲像琼瑶女主，掉两滴眼泪，表示自己不是想破坏这个家而是想参与这个家的吗？表示很抱歉很内疚，一切都是命，半点不由人吗？胡兰成自己戏多，就觉得张爱玲也得配合他的演出而不可以视而不见吗？

张爱玲来不了这个，她在《童言无忌》里写道：

> 有天晚上，在月亮底下，我和一个同学在宿舍的走廊上散步，我十二岁，她比我大几岁。她说："我是同你很好的，可是不知道你怎么样。"因为有月亮，因为我生来是一个写小说的人，我郑重地低低说道："我是……除了我的母亲，就只有你了。"她当时很感动，连我也被自己感动了。

她一直记着这事，久久不安，因为她的感情没这么多，只是被月亮感染了，身不由己地夸张了感情，她感到羞耻。

但不管怎样，应英娣的拂袖而去，似乎成全了张爱玲的碧海蓝天。胡兰成在给她的婚书上写上"岁月静好，现世安稳"。他俩可以踏踏实实地在一起了。但这于他和她，都不见得是件好事。

张爱玲是在大家庭里长大的，习惯事事跟人解释，成天在姑姑眼皮子底下跟胡兰成谈情说爱，她老是得猜测姑姑会怎么想。也许在她心里，她永远是那个在姑姑面前需要仰起脸的小女孩，她不好意思让姑姑知道，自己已经长大了。

胡兰成也未必想跟张爱玲在一起。胡兰成喜欢张爱玲没错，可是他的喜爱，始终隔了一层，从他知道她的最初，他不是把她当成一个女人，而是当成一个仙女去爱的。当他想到她是一个仙女的时候，他的快乐才能更多一些。

与一个仙女谈恋爱，很荣耀，但胡兰成的"遇仙记"与董永不同，他的仙女是不可以柴米油盐生儿育女的。她也买菜，但她买菜都像行为艺术，他不能想象她下降到平凡女子的那个档次。若她下降，他骄之众人的资本，那种被狗屎运砸中的狂喜就会大打折扣。变成凡人的张爱玲，还不如应英娣漂亮娇嗲，他要这样一个女子又有何趣？

在她面前，他是乐于自我贬抑的，越是不如她，越是看轻自己，越能获得巨大的快感——是这样卑微浅陋的我，得到了这样一个人，这不只是对她的征服，还是对这世界的征服。尽管她说，女人要崇拜才快乐，她甘心在爱人面前低下去，但是他们都知道，她的低，是想好了的，是理性的，如一朵花俯身向下，她要嗅一嗅自己的香气。

他俩在一起，像是一幅画，屏风上的折枝牡丹，鸟啼风语，摆好了放在那里，看上去很美，而且，用胡兰成最喜欢的那个词，叫端然。可是，再美的姿态，摆的时间太长，也会累，还闷。多年之后，胡兰成说，夫妻间就应该像狗咬狗，叮叮当当的才好。

不过，这样的格局与他和张爱玲不相宜，所以，在他的书中，又有这样的句子：伴了几天，两人都觉得吃力。好在胡兰成公务繁忙，制造了许多小别，这种吃力，随之得到缓解。

9......长江岸边的"洛丽塔"

1944年11月,眼见日本人大势已去,胡兰成他们这拨人还要做垂死挣扎。

他作别张爱玲,来到武汉,接手《大楚报》,住在汉阳医院。在同事中间,他实在找不到乐趣,因为"我这样随和,但与侪辈从来没有意思合作"。

这是为啥呢?胡兰成这样评价他的同事们:那个小潘啊,他爱机锋,我说话就用机锋逼他,他着实佩服,但知道我并不看重他所辛苦学来的东西,他总想从我面前逃开;还有一个小关呢,读了苏联的小说,就当真学起斯拉夫人下层社会的粗暴来,他不能安宁,因为一静下来他就要变得什么都没有。

这俩人还不算最讨厌的,他已经找到看不上他们的理由,在意念中打败了他们。胡兰成最不爽的是第三位,周作人的大弟子沈启无,因为拿他没办法。

胡兰成说他风度凝庄,但眼睛常从眼镜边框外瞟人,又说他的血肉之躯在艺术外边就只是贪婪,他要人供奉他,可是他从来不顾别人。

胡兰成甚至把沈启无比成会作祟的木偶,说是"木偶做毕戏到后台,要用手帕把它的脸盖好,否则它会走到台下人丛中买豆腐浆吃,启无亦如此对人气有惊讶与贪婪"。

胡兰成骂人,跟他夸人一样,上天入地,搭七搭八,只说结论,不说依据,所以尽管恶毒,却非常缺乏说服力。看胡兰成举出的两个小例子,什么沈启无让他替自己拎箱子啦,他给沈启无做了件丝绵袍子沈还抱怨不够热啦,都不过是人与人交往时的小小龃龉,一个大男人能将这个惦记许多年,只能说他心胸狭窄。沈启无真正得罪他,应该是因为前者一度试图破坏他的桃花运。

胡兰成曾说过，张爱玲是不会吃醋的，他有很多女朋友，乃至有时携妓出游，她都不放在心上。

不知道是张爱玲掩饰得太好，还是胡兰成存心无视，总之，这给了胡兰成很大的心理宽松度。一纸婚书不能给他形成任何束缚，来到武汉没多久，新婚还不到半年的胡兰成，搭上一个十七岁的小护士周训德，他亲切地称之为小周。

小周的相貌未必十分出挑，胡兰成跟她好上之后，曾回过一次上海，再回来看到小周，第一眼简直不喜欢，觉得她不美。但是，在汉阳医院的那堆太过平庸的护士里，也就数小周是个人尖子，他要找个情感寄托，也就只有她了。

好在，年轻女子总是可爱的，胡兰成笔下的小周，俏皮、刁钻、活泼、灵动，更有一种未经世事者的幼稚天然，成为政治重压之外，胡兰成的一处精神桃花源。

同时小周又不像张爱玲那样事事都清楚，胡兰成说她有着三月花事的糊涂，一种漫漶的明灭不定。比如说，那会儿美军飞机常来武汉上空，一城寂然，灯火全无，若张爱玲看到了，一定会有浮生乱世的感慨，但小周只是笑说好看。她这话固然轻佻，却也轻松，犹如童言无忌，让人不必陪着眉头紧锁，一道叹息。

张爱玲并不是不会发嗲撒娇，有次她端茶进屋，将腰身一斜，胡兰成看了，连声夸她的艳。但是，张爱玲的这种"作"，却如《倾城之恋》里白流苏对着镜子翘起兰花指，斜飞一个眼风；如京剧里的花旦，层层叠叠地装扮好了，那些娇媚，都有一招一式的讲究。是要观众看见的，还得有板有眼地叫上一声好。

小周的小女儿情态都是原生态的，没有那么多文化内涵，像三月原野上的小野花，她只管开她的，不像牡丹，端庄地摆在那里，等待人们庄重的欣赏。

张爱玲想是好了，要将这一场爱，变成生命里一场辉煌绽放。她大展其才，除了跟胡兰成交流文艺方面的领悟见解，还用最为华美的语言大抒其情。比如我们前面说到的那个"低到尘埃里"，是可以上古今情话排行榜的，日后胡兰成也拿出来好一通卖弄。可是我设身处地地从当时胡兰成的角度想一想，看到这样的句子，没准会有压力。

他会有点儿心虚，有点儿紧张，有点儿怯。第一，自己几斤几两心里很清楚，似乎配不上这样隆重的膜拜；第二，来而不往非礼也，文人们更是喜欢在感情上你来我往地且斗且舞一番，可是，胡兰成拿什么来回应呢？

小周也曾在照片后面题字，是胡兰成主动要她题的。按说题字这种事，小周一定比不过张爱玲，但她的妙处，正在比不过，人家干脆不原创了，题的是胡兰成教她的隋乐府：

江水春沉沉，上有双竹林。
竹叶坏水色，郎亦坏人心。

很嗲的一首小诗，还是胡兰成教的，胡兰成检验了自己的教学成绩之余，也不用想怎么接。与这个效果相比，张爱玲的经典原创"低到尘埃里"就显得用力过猛了。

想当年，胡兰成也想过教张爱玲读诗的。文人向来都喜欢一种风流戏码，那就是教年轻的姨太太读书，要是没有姨太太，老婆可以充数，张爱玲就曾讽刺过这一现象。不过热恋中的她，大概不会煞风景地当面道出，所以，胡兰成就带了本古诗文，兴致勃勃地上岗了。

始料未及，他非但指点不了张爱玲，张爱玲还反过来指点他，也就是我们前面说过的——里面的字只跟张爱玲打招呼。胡兰成只剩下了佩服的份，曾经颇为自负的那点才华，只能用来喝个漂亮的彩。

胡兰成也不是不愿意喝彩，可是，老是这样下去，只能拍马，不能吹牛，就好像在卡拉OK厅里抢不到话筒似的，胡兰成这样的人受不了。张爱玲也夸他聪明，什么拍拍脑袋脚底板都会响之类，但那都是倾听者的聪明，不是倾诉者的聪明，胡兰成没那么喜欢倾听。

在张爱玲身边时，惯性让他尚能忍耐。来到小周面前，十七岁少女的天真眼神，一定会让他发现别有洞天，神清气爽。

他教她读诗，和她一道去江边走走，不惑之年，身边还有这样一个小女子，真是惬意啊。于是，他说，她与江边人家叫应问讯，声音的华丽只觉得一片艳阳。

她喜欢跟胡兰成捉迷藏，明明看见她在廊下，一转眼，她已逃到楼上去了，再到楼上去找，横竖找不到，气呼呼地回到房间，她却无事人一般好好地端坐在那里呢。

这种追逐让胡兰成开心到飞起，忍不住跟张爱玲讲，《小团圆》里写："一些日常琐事，对答永远像是反唇相讥，打打闹闹，抢了东西一个跑一个追：'你这人最坏了！'原来如此，她想。中国风的调情因为上层阶级不许可，只能在民间存在，所以总是打情骂俏。并不是高级调情她就会，但是不禁感到鄙夷。"

到底是张爱玲，听到对方出轨，也会习惯性地从技术角度从文化传统去分析，还不忘反思自己"并不是高级调情她就会"，三下五除二，愤怒消减，只剩悲哀。

但胡兰成喜欢。小周从来不肯说"我爱你"，胡兰成强迫她说，她只好说了,掠掠头发(这个细节加上前面的"强迫"二字,胡兰成这是存心让人浮想联翩吧),又说,假的。胡兰成拿她没办法,更是爱得不行了。

小周那种天真的邪气,小女子的骄纵蛮泼,在这个老男人眼中,太诱人了。简直是一部民国版《洛丽塔》。

胡兰成写小周,都是寻常女子的好,一个眼波,一个手势,别人看了没什么感觉,到他眼里都是艳。小周说起嫡母去世时,她赶着做了入殓穿的大红绣鞋,说时小周眼眶一红,却又眼波一横,用手比给胡兰成看那鞋的形状,胡兰成听着只觉得非常艳,艳得如同生,如同死。

她又跟胡兰成说产妇分娩时很可怜,产门开得好大,又是眼波一横,比给胡兰成看,胡兰成觉得她这手势如同印度舞的指法 —— 剔除胡兰成爱东拉西扯拉大旗作虎皮的癖好,我们可以看出,他对这个小女孩的迷恋。

我和朋友说起这些,被我阅历丰富的女友嗤之以鼻,说,怕是没有这么简单,男人都是下半身动物,张爱玲怕是没有护士小姐放得开。这个,窃以为,张爱玲还真不见得是放不开的人。

张爱玲初出道时,发表了两部《沉香屑》,众所周知的是《沉香屑 —— 第一炉香》,而那部《沉香屑 —— 第二炉香》,向来乏人欣赏,因为它的主题是讲对于性的态度。

小说里说,这天是大学教授罗杰新婚大喜的日子,他娶到了美丽的女子愫细,罗杰感到身边是一个高音的世界,空气里都是光与音乐。他以为有幸福在前面期待着他,却没想到新婚之夜会是那样诡异:在洞房里,愫细惊惧地发现她的丈夫是个流氓。然而,作为读者的我们知道,罗杰不过是个正常男人,不正常的是愫细,她从来没有接受过性启蒙。

愫细出逃,被一群不知就里的学生"救助",此事闹得沸沸扬扬,罗杰为此丢了饭碗,声誉扫地,黯然自杀。二十二岁的张爱玲,笔触冷静地刻画了一个"天真到可耻"的世界,把罗杰定位为一个值得同情的受害者。看她后来的作品《红玫瑰与白玫瑰》,说起性爱,也是坦然而毫不忸怩的。

这跟张爱玲的阅读背景有关,她自幼熟读旧小说,比如《金瓶梅》之类,对于性爱描写已经达到百毒不侵的地步,既不觉得污秽,也不觉得刺激,不过是为作者所用罢了。

所以,床上的张爱玲纵然不会特别"放得开",但也不会太忸怩。可是问题又出来了,她的"放得开"是源于文化心理支撑,而不是一个女人原始的欲念。被文化掺和了一道,所有的表现,又有了"二手"之感,那种笃定清醒,自我的体验与认知,会让跟妩媚的狐妖花精们更为亲近的男人感到陌生。

相反,小周姑娘倒是放不开的,胡兰成说了,得"用点强",还经过了一个很长的时期,直到他们分别前夕他才达成所愿。可是,那种生涩是多么可爱,首先,它激起开垦和塑造的愿望,一种创世纪般的良好感觉;其次,没有比较就没有鉴别,在她的一无所知面前男人更能放开手脚,那种从容不迫的支配者的感觉,可能比在张爱玲那里的"且斗且舞"更有吸引力,面对后者,旧式小文人胡兰成欣悦的笑容下,没准儿就有几分无从应对的惶恐。

结论:即使男人真的是下半身动物,也不一定更加欣赏放得开的。

10. 亡妻玉凤:情路上一枚值得展示的勋章

在这场魅力大比拼中,张爱玲似乎处处落了下风,没办法,才华见识并不能让性感程度水涨船高,钱锺书就曾说过:"女人有女人特别的聪明,轻盈活泼得跟她的举动一样。比了这种聪明,才学不过是沉淀渣滓。"这大概是很多男人没有掏出来的真心话。

胡兰成依旧声称，不管他有多少女人，他待张爱玲总是不同。又打比喻：小时候他在舅舅家里玩，父亲去了，给那些表兄弟每人一个金橘，唯独他没有。他心中略有感觉，却也不敢怎么样。但见父亲将他牵到没人处，竟递给他一个金灿灿的大福橘，他对张爱玲，也是这样。

但《小团圆》里写，在盛九莉的住处，邵之雍遇到比比（原型是炎樱），把她的椅子挪到房间正中，郑重得都让比比感到尴尬。他像日本人一样双手按膝上，恳切地告诉她这次大轰炸有多么剧烈。九莉和比比都很窘，她们又不是没见过轰炸，用不着他来表演悲哀。

九莉只能走开。然后她听到邵之雍问比比："一个人能同时爱两个人吗？"这句问话让九莉感到天都黑下来了。

我们看胡兰成写小周，会知道他更爱谁。胡兰成写张爱玲也精彩，但那种精彩，是世人都识得的精彩，她的才华，熠熠生辉，人人都会觉得好。他写小周的好，却都是普通女孩的那种好，张爱玲说邵之雍说那小姑娘的口气，像是做父母的说自己家孩子，一举一动都看在眼中，都大感兴味，这才是真爱。

胡兰成也不是存心骗人，更准确地说，是自欺。张爱玲之于他，像一件豪华的裘皮大衣偶尔落到一个穷女孩手中，也许不合身，还不舒服，穿上去捉襟见肘，百般不适，但也舍不得脱下。她珍爱它，跟别人夸大着它的好，因为这是她拥有的最可以跟人夸口的东西了。

又如文学爱好者褒扬某名著，未必有心得，拿在手里还会觉得累，但为了卖弄自己的水准，少不得要用上重量级的词语，显示自己的别具慧心。何况在当时，张爱玲这部名著，胡兰成拥有独家孤本，他那么虚荣的人，自然更要捧到天上去。

他是真心实意地希望自己更爱张爱玲，因为更爱这样一个有才华的贵族后裔是对的，是有品位的，是跟主流社会合拍的。

美国哲学家弗洛姆说：大众心理，存在一种逃避机制，个人不再是他自己，而是按照文化模式提供的人格把自己完全塑造成那类人，这样可以使自己不再孤独与焦虑。比如说，催眠师可以暗示生马铃薯是可口的菠萝，接受催眠的人就会像吃菠萝那样津津有味地吃生马铃薯。社会文化模式经常扮演着催眠师的形象，它说，你应该怎样，害怕被社会孤立的人，就会以为自己"是"这样。而这种在催眠下产生的心理，其实是一种伪思想。

当然，有人坚拒这种伪思想，相对于孤独，他们更害怕自欺，哪怕剔出自己的血肉，也不能对自己作伪。米兰·昆德拉算一个，鲁迅算一个，张爱玲当然也算一个。

胡兰成则时刻逢迎主流社会文化模式。除了强调自己将张爱玲看得最重，他还一直声称，他深爱结发妻子玉凤。尽管她相貌平庸、土气、没文化，但是，"我的妻至终是玉凤"。"幼年时的啼哭都已还给了母亲，成年后的号泣都已还给玉凤。"经历了与玉凤的一场死别后，"对于怎样天崩地裂的灾难，与人世的割恩断爱，要我流一滴泪总也不能了"。

糟糠之妻不下堂，向来是为国人赞扬的美德，胡适先生的情史纵然写下来可以连篇累牍，但他到底没有抛弃江冬秀，仍然可以充任大众心中的道德楷模。对于亡妻念念不忘，也符合国人的审美取向，悼亡之作层出不穷，根子可以追溯到《诗经》里："绿兮丝兮，女所治兮。我思古人，俾无訧兮！"一唱三叹，人鬼情未了。

但胡兰成有这种美德吗？听其言，还要观其行，我们看看胡兰成干的那些事，就知道完全不是那么回事。

他看到玉凤的第一眼，就不喜欢她，他喜欢那种尖下巴的精灵女生，玉凤却是一脸福相，完全不能烟视媚行，绣花也不精，唱歌也不会，甚至话也说得不伦不类，就是一个有点笨拙的乡下女子。

胡兰成新婚之夜才见到玉凤，大为失望。不过他不是一个激烈的人，玉凤再不好，总归是他的妻，耳鬓厮磨间也处出一些情意来了。更重要的是，玉凤对他死心塌地，让胡兰成觉得很舒服。

胡兰成描写两人婚后的生活，都有一点《浮生六记》的情致了，但我们同时也能看到，他在妻子面前的优越感。他的家人总拿"抛弃"来威胁玉凤。他一不高兴，也会说结婚以来没称心过，虽是生气时的过头话，略略在乎她，就不会说得这么狠。

胡兰成在萧山湘湖师范教书时，玉凤带了三个月的女儿来找他，胡兰成见她前来，大吃一惊。因为玉凤的山乡打扮，在那些时髦的女同事、同事夫人中间，显得那么突兀。

当时的情形，应该有点像《人生》里，进了城的高加林看到刘巧珍。但路遥是写小说，不必美化高加林的见异思迁，胡兰成却要将自己的讶异粉饰一下，竟说是像"中国旧小说里英雄上阵得了胜或此箭中了红心，每暗暗叫声惭愧"，恕我愚鲁，实在看不出这两者之间的可比性。

胡兰成像一般有志男人一样，自己出去闯天下，把老婆留在家中伺候老娘。客中寂寞时，也想勾搭一下同学的妹妹之类，但他当时一穷二白还有个老婆，加上刚刚入道，手艺不精，自然不能得手，于是，胡兰成还可以自诩为有始有终的男人。

没等到胡兰成混出名堂，玉凤就已病入膏肓，玉凤弥留之际，胡兰成跑出去借钱，预备后事。那会儿他们家的旧债未清，又添新债，借钱就很难。好在胡兰成有个干娘，以前出资供养他读书的，他结婚时还送了他一座竹园做贺礼，尽管后来生出了些小龃龉闹得不愉快，但关键时候，也只有硬着头皮求助了。

干娘不是干爹的正室,而是一个得宠当权的妾,据考证,张爱玲的《爱》写的就是她年轻时的事。但到了这会儿,风雨人生已经把她打造成一个泼辣厉害的人物。胡兰成来到她家里,一住数日,不好意思开口,她情知他为何而来,却愣是不提起话茬儿,直到胡兰成的堂哥梅香找上门来,说玉凤快不行了,胡兰成才说要借钱,她张嘴就给拒了。

按说不管怎样,老婆在床上只剩下一口气,胡兰成应该先回去再说,他竟能掉头要去绍兴借钱,说是三天可以来回,连梅香都看得目瞪口呆。好在胡兰成走了十几里,碰上下雨,渐渐也觉得这样跟干娘赌气实在可笑,自个儿转回来,干娘也没跟他计较,还亲自整酒制肴给他吃,两人恩恩怨怨的,倒有古典小说里的婉转之美。

胡兰成在干娘家又住了三天,说是借不到钱,回去也枉然,又说:

> 我与玉凤没有分别,并非她在家病重我倒逍遥在外,玉凤的事亦即是我自身遇到了大灾难。我每回当着大事,无论是兵败奔逃那样的大灾难,乃至洞房花烛,加官进宝,或见了绝世美人,三生石上惊艳,或见了一代英雄肝胆相照那样的大喜事,我皆会忽然有个解脱,回到了天地之初,像个无事人。且是个最最无情的人。当着了这样的大事,我是把自己还给了天地,恰如个端正听话的小孩,顺以受命。

又是天地之初,又是"端正听话的小孩",恍惚能看到身着长衫的胡兰成在那里歪着头吮手指的小模样。

玉凤最终还是孤单地死去了,她始终深爱着自己的丈夫,当梅香回来大骂胡兰成无情时,她还站在丈夫那一边,说"这个梅香大话佬",永远相信着他。然而,我怀疑这并不是她的真实想法,青芸在玉凤死后告诉胡兰成,玉凤一辈子都在担心他不要自己，但她有什么办法，她只能对他死心塌地。

《色·戒》里说老易觉得王佳芝死了更好，她的影子会永远依傍他，安慰他。这话说得太毒，对于胡兰成则是，玉凤的死，将她对他的依赖爱恋铸成永远。所以，他说，我的妻，总是玉凤。

11……… 长颈鹿式的女子

玉凤啥情况且不说，现在张爱玲面对的问题是，要不要和小周分享同一个男人。她无法无视小周的存在，胡兰成太得意，太兴奋，太想找个人说道说道了，找谁说都不太合适，他就选了张爱玲做听众，说她不知道嫉妒。

张爱玲真的不知妒忌吗？当然不是，她和苏青的对话中说，男人要是夸别的女人一声好，心里总是不舒服的，但又不能老发作，否则他下次就不跟你说了，再说脾气是越发越大的，忍一忍就好了。

在张爱玲的小说里，没有浪漫的传奇，但我不觉得她对人性灰心。相反，有洁癖的人，才能看见污秽，她笔下仍然有顾曼桢、虞家茵这样理想化的女性。就是在《金锁记》里，恋爱中的长安，为了永存美好记忆，也甘愿牺牲自己。如今她恋爱，她也不希望这袭华美的袍上，爬满"猜忌、忌妒、怨恨"这样的蚤子。所以，对于胡兰成的花心，她也不愿意直面，而是千回百转地替他解释，朝好的方向去理解。

但这份苦心徒然被负，她终究无法替胡兰成自圆其说。张爱玲受了委屈，和普通女孩子也差不多，她会用别人的追求去刺激爱人。她对胡兰成说，有个外国人在追她，她若答应，对方愿意付一点抚养费。

她说的应该是真的，张爱玲的弟弟张子静，多少年后也提到，张爱玲告诉他，有外国人邀请她跳舞，但她不会跳。

女孩子被人追求总是高兴的，但张爱玲特意告诉胡兰成，不能不说有找补的意思，小周的事情，让她受伤了。

张爱玲像长颈鹿，反射弧太长，星期一刺到脚掌，星期六才反应过来。小周事件刚刚露头时，她不是不苦恼，但没法迅速做出判断。她下意识的反击是如此可笑，胡兰成初听不快，很快也就释然了。也是，要认真掰扯起来，以后就不好跟爱玲聊小周了。

他们这次相聚，是在1945年3月。张爱玲渐渐想明白，已是1946年的2月。花这么长时间，不是因为她迟钝，而是她珍视这份感情，一再推敲斟酌，直到太多的真相迫在眼前，她无法再欺骗自己。

这将近一年的时间里，发生了很多事。1945年8月15日，日本人宣布无条件投降，胡兰成的靠山倒塌，他逃到南京，后又窜到上海，在张爱玲那里住了一晚，之后，逃到浙江诸暨，投奔他的同学斯颂德。

斯君是胡兰成的中学同学，与他关系不错，二十啷当岁时，胡兰成还曾在斯君家小住过一阵子，斯母待他如自家儿女一般，连零花钱都悄悄放在他抽屉里。然而胡兰成客中寂寞，起了偷香窃玉之心，看上了斯家小妹。斯君得知后，翻脸将胡兰成撵走。三十年河东转河西，日后，胡兰成混成"高官"，斯家却在战火中萧条下来，还要依靠胡兰成援助，他又成了这家的大恩人。他如今落难，正好讨回这个人情。

到了斯家还是不安全，怕被人按图索骥了来。可巧斯家老爷去世得早，有个姨太太，也守寡多年。这位姨太太名叫范秀美，是个热心人，她主动请缨，带他寻个落脚点。斯家人一合计，决定把胡兰成藏到范秀美远在温州的娘家。

范秀美和胡兰成上了路，长亭短亭，晓行暮宿，即便是仓皇逃窜中，面对荒山夕阳，半老红颜，胡兰成也是要生一些绮念。他也真是好手段，一开始还"范先生""范先生"地叫，忽然一日，两人就成了"夫妻"。

胡兰成说是"这在我是因感激"，感激到要"以身相许"！但也反映出胡兰成的生存智慧。一日夫妻百日恩，胡兰成的"以身相许"，使得冷清多年、本来对他就有好感的范秀美更加死心塌地，他的处境，也就更加安全了。

范秀美身世凄苦。父亲好酒贪杯，家境不堪，少年时被卖到斯家为妾，生下一个女儿，对男女之情尚未有体会，就成了一个寡妇。

在影视剧里，守寡的妾，日子如死水般寂寞，绣花鞋无声地踩在木质楼板上，从绣花绷子上抬起头，日头影子在粉墙花荫上又移了一寸。但范秀美没有这么悠闲，斯家养不起一个华丽的摆设，她要自谋生路。

范秀美学到了一技之长——养蚕，成了蚕种场技师，常被派到外面指导蚕农。不完全封闭的生活，使她生活中不缺异性，然而，能入她眼者寥寥，又拘于礼数，未敢越过雷池。现在，天上掉下个胡兰成，落难的才子，做过大官，更重要的是，他对于女人，是那样亲切、温存。

就算这亲切温存里有利用的成分，范秀美也不会介意，她冷清了半辈子，眼看就要老去，这是最后一次恋爱的机会，怎么可以放弃？再者，胡兰成虽不君子，并不恶，范秀美多年的底层生涯，使她有机会接触到足够多的恶男人。她自己就心有余悸地描述过某员外的虎视眈眈。

这些经历，使她不会像张爱玲那样眼里揉不得沙子，相反，她有一种被生活捏扁揉皱之后的柔和，这令人心酸的柔和，预先化解原谅了一切。

遇到胡兰成，应该算上天送给范秀美的一个礼物，一抹不无惨淡的亮色。胡兰成的爱是不纯粹，不完美，但那也是爱，她的一生，也就得到过这一次而已。

藏在温州城某个角落的范家，如今更加破落。范秀美的父亲早已去世，弟弟也被日本飞机炸死，唯剩一个瞎眼老娘，孤苦无依。租住的房子是人家的柴房,除一桌一椅一只条凳外,勉强能摆两张床,范母睡小床,胡兰成和范秀美睡大床。

胡兰成说范母糊涂,对自己的来路都不问一声,殊不知在困苦与灾难中存身的人,活着就很好了,哪里讲究那么多。

尽管处境窘迫,但暂时有了些安全感。戏里唱了,寒窑虽破能避风雨,夫妻恩爱苦也甜。胡兰成生存能力超强,这会儿就觉得闾阎炊烟,寻常巷陌,他和范秀美举案齐眉斯抬斯敬的,未尝不是另一种天上人间。

12.......... 她也曾贪恋泥淖里的温暖

刚安生没多久,意外出现了,张爱玲来了。胡兰成一改多情才子扮相,居然脸色大变,粗声粗气地对张爱玲喊:"你来做什么? 还不快回去!"

他说是怕连累了妻子,听上去很有道理。但是,当年他在上海,已经预感到大难临头,还那么高调地在杂志上暗示他和张爱玲的"特殊关系"。许多年后,他声名狼藉人人喊打,亦连篇累牍地写"爱玲"这"爱玲"那,这些时候,他怎么就想不到不要连累"妻子"了呢? 要不是他自己热衷于爆料,这些陈芝麻烂谷子,早就在公众记忆里一闪而过了。

胡兰成的疾言厉色,更有可能是怕笨手笨脚的张爱玲,招来盯梢的。另一方面,大概也是怕张爱玲发现他的好事,他还没有做好告诉她的心理准备。

他热衷于跟张爱玲谈周训德,是因为"中年以后还有这样的奇遇","不让他自我陶醉一下,不免怅然"(张爱玲《色·戒》中语)。范秀美不如小周年轻漂亮,比胡兰成还要大几岁,跟她的这档子事,就不像小周么说得出口。

另外,也是最重要的一点,胡兰成非常担心,张爱玲的贸然现身,伤到了大恩人范秀美。

胡、范两人虽无婚书仪式，但在邻居面前都是以夫妻相称，对于身份卑微的范秀美，这是一个甜蜜的安慰。现在，天上掉下个张爱玲，尽管胡兰成后来说两人也没有仪式，言下之意是也算不得明媒正娶，但毕竟有约在前，比起范秀美更名正言顺，这就难免让范的面子过不去。

为了范秀美的面子，胡兰成向外人说张爱玲是他妹妹，他自己的解释是，他让爱玲委屈，是拿她不当外人。

但是，敏感的张爱玲发现，范秀美才是他自家人。比如说，某日他肚子疼，在张爱玲面前强忍着，等到范秀美来了，才哼哼唧唧地撒起娇来，张爱玲当下就觉得惆怅。

又有一次，张爱玲要给范秀美画像，画着画着发现范秀美的眉眼神情特别像胡兰成，当下心里一阵难受，无法再下笔。

应该说，张爱玲已经窥破了胡兰成与范秀美的那点儿事，但是，这个时候，她信胡兰成多过信自己，认为他们是发乎情止乎礼，胡兰成不至于那么不靠谱。只是，单是这"发乎情"，已经让她不快了。

张爱玲这会儿更加耿耿于怀的还是小周。她曾经想象和胡兰成在边远小城的油灯下团聚，没想过这是一场三人聚会——即使小周没有到场。她要他在自己和小周之间选一个。

注意，是选择，并不是非选自己不可，她说了她可以走开。她只是希望她爱过的这个男人，有选择、有取舍、有底线。

胡兰成不肯选，还在天上地下地胡扯，说："人世迢迢如岁月，但是无嫌猜，安不上取舍的话。而昔人说修边幅，人生的烂漫而庄严，实在是连修边幅这样的余事末节，亦一般如天命不可移易。"这话说的，真是宝相庄严，却难免让人不庄严地笑出声。"其实他从来不放弃任何人，连同性的朋友在内。

人是他活动的资本。我告诉他说他不能放弃小康,我可以走开的话,他根本不相信。"张爱玲在《小团圆》里把他的意思翻译成人话。

张爱玲说,你说的这些我都懂,但这件事,你还是得做选择,就算说我无理也罢。胡兰成又推说他跟小周未必会再见面,张爱玲说,不,我相信你有这个本事。然后又叹了一口气,说,你到底不肯。我想过,我倘使不得不离开你,亦不至寻短见,亦不能再爱别人,我将只是萎谢了。她的语调里有悲哀,胡兰成听了也难受,但不完全是无奈与同情。他说这难受好像不对劲,因他与张爱玲在一起,从来是在仙境,不可以有悲哀。

张爱玲的存在,曾给他一窥仙境的窃喜,"星沉海底当窗见,雨过河源隔座看",那样的神仙生涯,是应该从庸常岁月里单独提出来的,与琐屑生涯不相干。他的仙女,也应该高蹈清寂,目下无尘,让他能够隔着点儿距离仰望——纵然肌肤相亲,心里仍有距离。

现在,仙女下凡了,还很委屈,要凡人他给一个决断——胡兰成一定是这样理解的。这太让他震撼、得意并且失望了:她是不是没有那么了不起。

两人几乎同时逼近了一个真相——彼此都不是自己想象中的那个人,却都不敢确定。温州二十日,张爱玲仍然跟胡兰成大谈艺术,胡也仍然耐心地倾听与呼应,但是都已不复有热恋时的孜孜然,日后胡兰成行文,写起这一段,比起"欲仙欲死"的蜜月期,要索然得多。

二十天过去了,张爱玲总不肯离开,胡兰成说她是"愁艳幽邃,柔肠欲绝",这词用的,都有点《莺莺传》里崔莺莺爱张生那意思了。但他还是希望她赶紧走,她在这儿,就是颗不定时炸弹。他当然不肯说得这么直白,只说如袭人在外头,见宝玉来看她,唯恐亵渎闪失了。

张爱玲在疑惑沮丧中离开,那天小雨,她站在船头涕泣良久。

人在感情出现问题时,常常都有一个胶着期,贪恋泥淖里的温暖,迟迟不肯决断。在张爱玲，还有一个特别之处，她的感情燃点太高，燃烧一次不容易，怕有这回没下回，像她说的，就这么萎谢了，不肯轻易切断。

她给胡兰成寄钱，写信来安慰他，信里仍然是张式华丽语句，将困在温州的胡兰成比作王宝钏，说寒窑里过的日子亦如宝石的川流。看得出，张爱玲仍然在煞费苦心地装点这段渐渐走向尾声的爱情，却有一点点乏力。

在《小团圆》里，她写她的痛苦："那痛苦像火车一样轰隆轰隆一天到晚开着，日夜之间没有一点空隙。一醒过来它就在枕边，是只手表，走了一夜。"

她吃不下东西，靠喝西柚汁度日，以至于例假几个月都没来，在镜子里看到一个苍老的瘦女人走来，自己都被那憔悴吓一大跳。

就在这个时候，她遇见了桑弧，那是她能够抓住的一根救命稻草。她说，她需要一个人，让她觉得自己身在人间。

1946年4月，温州通缉汉奸的风声渐紧，胡兰成窜到诸暨，在斯家楼上住了八个月，后来担心斯母厌烦，也想着温州的风声应该过去了，又回到温州。

中间经过上海，他在张爱玲那里住了一晚。短暂相聚，危机四伏，未来深不可测，这种情况下的见面，当然有点紧张，但有时候紧张更能显情深义重，比如《诗经》里："风雨凄凄，鸡鸣喈喈，既见君子，云胡不夷。"

可惜胡兰成不君子，这种人常常有一种错觉，以为自己永远可以控场。分别了这么久，他都没想过一种可能，张爱玲可能已经不爱他了。

他以为自己是感情上的甲方，絮絮叨叨指责张爱玲不会待人接物，见到斯君，连午饭都不知道留人家一留。但问题是，张爱玲从来没有冒充长袖善舞过，曾几何时，他还对这种贵族式的倨傲脱俗击节称赞不已。

他还发现她的其他问题，比如那会儿她去看他，途经斯家时，用人家的面盆洗脚之类。都过去这么久了，以后也很难再见，他用得着啰里吧唆说这些吗？你这么一个负罪在身的人，跑到人家家里，就不知道收敛点吗？

胡兰成突然这么厉害，怕是与上次张爱玲的失态有关。当她让胡兰成在她和小周之间做出选择的时候，仙女的光环消失了。她，也不过就是个为情所困的女人，等他给个准话。他又失落，又优越，于是就这么"从奴隶到将军"地抖擞起来。

他索性把自己跟范秀美那档子事也告诉了她，张爱玲其实已经知道，之前范秀美还曾来上海找过她，青芸说范怀了孕来堕胎，张爱玲拿了一枚金戒指给她。但《小团圆》里，却写盛九莉并不知道这个女人找自己何事，只是看她食不下咽的样子，觉得很不耐烦。

胡兰成却还在问她有没有看过他写的《武汉记》，里面满纸的"小周"云云——事到如今，他完全不用对她察言观色了。张爱玲说，看不下去。胡兰成说他听得一呆，没想到张爱玲也会忌妒。他的惊奇里也有得意，但我们不得不说，他实在是想多了。

《小团圆》里写，邵之雍中途返沪时住在九莉家里，燕山打来电话，九莉感觉她的两个世界在相撞，旧的和新的，两个星球在她耳边擦肩而过，发出轰鸣。

这很可能是实情，但自我感觉相当良好的胡兰成，不会注意到张爱玲接了一个电话，不管任何事，他只吸收和他有关的那一部分，看到张爱玲在电话里跟人讲上海话，他只觉得柔媚——反正他成天就是这也柔媚，那也柔媚。

《小团圆》里写邵之雍拿出小护士的照片给九莉看，不无期待地恐惧着，怕九莉撕了它，但九莉只是略看一下就微笑着还给他了。邵之雍对九莉说，他侄女帮她讲话：那盛小姐不是很好吗？九莉起了大反感："难道我要靠人家帮我说话了？"

胡兰成没福得见《小团圆》，做梦也不会想到张爱玲的这些心思。像他这样的人，只会以为张爱玲是吃小周的醋，为了调剂气氛，他开玩笑似的打了她的手背一下，她不由得骇怒道："啊！"

这一声"啊"，是一道森严的防范，划出了他们之间的距离，她就此把他看成了一个陌生人，一个不可以不设防的人。那一晚，他们各自就寝。第二天凌晨，胡兰成来到张爱玲的房间，俯下身子亲吻她，张爱玲从被子里伸出手臂，抱住他，忽然间泪流满面，喊了一声"兰成"。这是一次为了告别的拥抱，她抱住的不只是一个男人，还有自己的旧感情，第一次的爱，她就要将它切割掉了。

13..........胡兰成给过张爱玲多少钱

《小团圆》里说，就是这次分别时，九莉把邵之雍的钱还了，那二两金子。交给他侄女的，邵之雍看见了，没作声。不知道是不是确有其事。胡兰成倒是说张爱玲给自己寄过三十万，英雄落难，美人赠金，他光荣地吃到了软饭。

也是，吃软饭肯定比包养更能证明一个男人的魅力，可惜在《小团圆》里，张爱玲明确写道，不是什么赠金，而是欠债还钱。他曾经给她带来过一箱子的钱，现钞，是他办报的经费，还对她说，在经济上让我来照顾你。之后他又多次带给她钱，对她说，你这里也可以有一笔钱。张爱玲收下来，她说，她要还给她妈妈。

张爱玲说过，要是爱一个人爱到跟他要零花钱的程度，那真是很严格的检验。同理，要是恨一个人恨到要把他给自己的每一分钱都结清的地步，那也是很刻骨铭心的怨恨。张爱玲因为各种积怨，一直打定主意要将母亲在自己身上花的每一分钱都还掉。在她的"仙女"年代，胡兰成欣赏她这种剔骨还父割肉还母式的决绝。

但当他陷入窘境时,怕是就没有那么赞同了。他身边的人都在帮助他,青芸、斯君,都在为他奔波打点。唯有张爱玲,虽然也不辞辛劳地去看他,却在金钱上,不透一丝口风。

我不知道胡兰成怎么想的,也许他并没怎么想,压力都在张爱玲自身,只要他一沉默,或者脸色一暗,她都会想到他是在怨恨她不拿出钱来,她倔强地想,不管,反正我要还给我妈。

但是她没有还成,她妈哭着拒绝了。这个诀别的早晨,她把二两金子还给了胡兰成,这同样是个交割,她已经不再爱他,就不能拿他给的钱。金钱真是检验感情的唯一标准啊。

胡兰成依旧给她写信,对她说"我永远爱你",他以为这是巨大的安抚,以为她怕自己抛弃她。她将刚拿到的剧本的版税寄给他,做进一步的交割。

就这么过了半年,1947年5月,胡兰成凭着一手出神入化的马屁功夫,赢得了当地一位士绅的欢心,帮他推荐工作,介绍朋友。眼看着在温州城立住脚,他又远远地搭上了文化界大腕梁漱溟,再度出山也有了机缘。胡兰成心里高兴,写信去告诉张爱玲,就是这封信,引出张爱玲分手的决心。

在《今生今世》里,胡兰成录下那封信:

> 我已经不喜欢你了。你是早已不喜欢我了的。这次的决心,我是经过一年半的长时间考虑的,彼时惟以小吉故,不欲增加你的困难。你不要来寻我,即或写信来,我亦是不看的了。

《小团圆》里,这封信没有这么简单,盛九莉在信里写:"我并不是为了你那些女人,而是因为跟你在一起永远不会有幸福。"她本来还想写上,"没有她们也会有别人,我不能与半个人类为敌",又觉得这句话像气话,反而不够认真。

信还没寄到,她先收到他的信,"像是收到死了的人的信,心里非常难受"。

胡兰成则写了收到她那封信的感觉,说,他看到第一句,即刻好像青天白日里一声响亮,但心思却很静。看完这封信,也不觉得不对,反而觉得她的清坚决绝真的是非常好,她不能忍受自己落到雾数。他不禁又要欢喜夸赞了。

是啊,这样的一封信,才是仙女本色,那个仙女置之死地而后生了,他胡兰成真的跟一个仙女恋爱过。这一点,才是最重要的,至于分手不分手,倒是无关紧要,他本来也不缺女人,尤其不缺一个相貌平常笨手笨脚的女人。

他说,爱玲是我的不是我的,也都一样,有她在世上就好,我仍然端然写我文章。

他当时是没怎么样,按照她的吩咐,不去寻她,也没有回信,只是给炎樱写了封花里胡哨的信,"但为敷衍世情,不欲自异于众"。《小团圆》里应该是原信实录:"她是以她的全生命来爱我的,但是她现在叫我永远不要再写信给她了。"比比(《小团圆》里炎樱的名字)一脸为难:"这叫我怎么样?"

是啊,兰成君,你怎么就有本事永远让人脸上替你挂不住呢?

而他这封信也像是对张爱玲的一种安抚,缓兵之计,《小团圆》里说,邵之雍很快就离开了那小城,盛九莉怀疑他担心自己去告密。她从鼻子里冷笑一声。

胡兰成确实是在那会儿搬离了范家,去温州中学教书,不见得就是担心她去告密。张爱玲把他想得这么阴暗,确实是恩断义绝的节奏。

1949年,张爱玲编剧的电影《太太万岁》公映,胡兰成利用职务之便,与全校师生包下一场去。同事们都说好,他心里还不足,"迎合各人的程度,向这个向那个解释,他们赞好不算,还必要他们敬服"。可以想象他脸上那憋不住的得意,虽然不能让他们知道底细,连起疑也不可以,可是,若一点儿异样的感觉也没有,岂不令他怃然?

对于胡兰成,显摆是世上第一等重要事。他在温州认识了些"人物",带着范秀美去拜访,人家摆了宴席招待他,他就觉得这面子是自己结交来的,非常得意。还代入范秀美想,嫁了他这么一个丈夫,她也真有面子。

那么,在张爱玲已经从他的天空上划过去之后,他还要拿她给自己撑台面,也就不足为奇了,张爱玲若是知晓,大概也不会介意,他是啥人,她还能不知道吗?

14.......... 张爱玲的剩余价值

等到两人先后离开大陆,胡兰成不用对自己的身份讳莫如深时,他惊喜地发现,除了让虚荣心暗爽一下,张爱玲还有其他价值。

张爱玲的研究者司马新提到:1953年,已经取道香港来到日本的胡兰成得知张爱玲在香港美国新闻处做短工翻译,误以为是美国中央情报局同一机构,就写信致张,求她介绍自己到美国中央情报局工作,吓得她将来信原封退还。

《今生今世》里没有这一段,估计胡兰成自己也觉得丢人,他在扬长避短上是很有一套的。

很多人为胡兰成辩解,说汉奸也罢,负心也罢,起码他坦白。可问题是,到底什么叫作坦白? 像胡兰成这样,避重就轻地复述一下过程,色厉内荏地强词夺理,把自己打扮成一个离经叛道但自有一套严密逻辑的人,就叫作坦白了? 坦白应该是与自己的内心赤裸相对,像打量他人那样打量自己,不惮于挖掘出皮袍下的小。

看胡兰成的大作,诗词歌赋齐上阵,说禅论道作大旗,掩盖他的利己本质。最后,他成功了,他通过一部裁剪得当浓淡相宜的"情感历程",掩盖了一个草根男的野心与戾气,把自己打扮成了气定神闲优越感十足的风流教主,这,能叫坦白吗?

1955年,胡兰成的日本好友池田笃纪去香港,胡托他去看张爱玲。这一次,倒不见得有什么用心,他可能是闲得慌,一点点无聊外加一点儿好奇心。池田没有见到张爱玲,胡兰成猜张爱玲也不愿意见,本来就多余嘛。咦,那你胡兰成干吗还多这个事?

胡兰成做什么我都不感到稀奇,但奇怪的是,1957年年底或1958年年初,张爱玲竟然经池田转了一张明信片过来,没有上下款,写道:

> 手边如有《战难和亦不易》、《文明的传统》等书(《山河岁月》除外),能否暂借数月作参考?请寄(底下是英文,她在美国的地址与姓名)。

说起来张爱玲很没必要招惹胡兰成,难道不知道他容易牵动绮念?大概此刻的张爱玲已经嫁给赖雅,以为她跟胡兰成是桥归桥路归路了,便是牵动一些感怀,也没什么大不了的。她给予自己的终极定位是:我是一个写小说的人。

这个写小说的人当时处境不佳,英文写作没有得到美国市场认同,急于凭借一部力作翻盘。1961年,她来到台湾,为以张学良为主人公原型的作品《少帅》搜集资料,很有可能在1957年年底乃至更早,她就在酝酿这部作品了,给胡兰成写这个明信片,可能就是创作小说的前期准备工作之一。

胡兰成的想法却很多,先是不敢相信,然后给他当时的老婆佘爱珍看,佘爱珍先是一呆,随即替他欢喜,还催他回信。

这位佘爱珍也真大方,难不成是一位芸娘式的贤妻?胡兰成说她一向是别人眼里有了她就不能再有第二个人的,不过见了张爱玲的字犯起糊涂。呵呵,这话你自己信吗?不是一家人,不进一家门,胡兰成落到这个女人手里,才算是天造地设的一对。

佘爱珍不是个普通人,前夫是大流氓"白相人"吴四宝,后来改行做汉奸,也做得很"成功"。佘爱珍能把这么个人收服摆平,自然也有两下子,当年在胡兰成的眼中,她是个必须仰望才得见的人物。且说某个春天的下午,她携了女侍,光临他的住所,真如神仙下凡,他"又喜欢,又敬重",只觉得他寒酸的客厅与她诸般不宜。

不过,对她老公吴四宝,胡兰成就没这么客气了,在回忆录里追忆第一次见到吴,他看上去很恭敬,胡险些拿他当保镖了。胡得罪汪精卫被免官时,还曾到吴家一游,吴四宝派老婆出来敬酒,本人则"恭谨相陪",胡兰成认为两人文武有隔,跟他没那么多废话,坐坐就出来了。吴四宝把他送到大门口,还给他开车门,胡兰成想起《史记》里韩信被贬闲居,去舞阳侯樊哙家串门,樊哙大惊,拥彗跪迎,韩信进去了,略坐一会儿,出来,笑道,没想到我竟然跟樊哙这样的人为伍。

胡兰成拿这段逸事来比喻,不过还是略略谦虚了一下,说,我和韩信既像又不像——这话说的,就算韩信不好接腔,项羽都不会答应。

1949年后,佘爱珍先到香港,后去日本,吴四宝早已过世。好在她早就明白男人不如钱可靠,手里很有一些积蓄。

胡兰成在香港时见到她,在旅馆里,先是坐着说话,然后拉着她的手,蹲下身,把脸贴到了她的膝盖上。但佘爱珍不是范秀美,也不是他那干妈,后来他想去日本,跟她借路费时,佘爱珍也是长吁短叹说家道艰难,不比从前,然后二百块港币打发他了事。

佘爱珍后来日暮途穷,下嫁胡兰成,婚后她忘了这茬,跟他吹嘘自己在香港时的风光。胡兰成对了下时间线,才知道被她糊弄了,很不高兴:我都当你是知己了(都把脸贴你腿上了),你却没有看重我(也没借给我钱)。

不过,胡兰成啥人没见过,也不能指望金主还给自己提供情绪价值,不如朝正面想,于是,对于佘爱珍当年忽悠他一事,他这样定义:有意栽花花不开,无心插柳柳成荫。

这都是哪跟哪啊?

不仅如此,胡兰成的另一个习惯 —— 喜欢把得手的女人都说成仙女下凡,在佘爱珍身上也发扬光大。比如她曾做过痧药水的生意,山寨人家的品牌,对方跟她打官司,请了律师。佘爱珍先是打电话威胁律师不要掺和,律师不理,等他从法庭出来,忽地蹿出一人,拿粪汁淋了他一头一脸。律师回到家中,还有电话打过来,问他味道好吗。对佘爱珍的这一"杰作",胡兰成赞曰:"白相人做出来的事就是动不动又顽皮,只不作兴下流,所以上得台盘。"看了这段我真的很想请教,这都不算下流,到底怎样才算下流呢?

白相人佘爱珍跟了胡兰成,真是得其所哉,俩人都是热闹人,成天不是勾心斗角就是打情骂俏,你恩我爱的,有没有实话倒在其次,反正不寂寞。现在,突然冒出一封爱玲信札,像是给他们快要淡出个鸟来的生活放了一串鞭炮,佘爱珍撺掇胡兰成去撩拨张爱玲,其实是打心底看轻她。

胡兰成的新欢旧爱里,佘爱珍忌讳日本女人一枝,因为离得近,仍然有可能;忌讳周训德,因为知道胡兰成很把她放在心上 —— 胡兰成到日本后,窘境里,还惦记着小周,写信寄钱要把她接来,终因失去联系而作罢;不忌讳范秀美,知道胡兰成对她不过是利用。

同样,佘爱珍以一个江湖女人的心机,看透张爱玲不过是个写文章的女人,没有几下子。就算张回心转意,她也有的是办法对付她,现在则不撺白不撩，如同猫逗耗子，就图那一乐。

胡兰成也有拿张爱玲消乏解闷的心，另外，他还有一个情结，那就是，挑战他心中的最高标尺。

15......爱人与仇人，都是时间的礼物

不管怎么样，胡兰成对张爱玲的才华是服的，她面对经典百无禁忌，她表情达意直指人心，她深刻的身世之感，华丽与苍凉交替的人生体会，都让半瓶子醋的胡兰成大开眼界。她差不多是给胡兰成上了一课：原来人生和经典都可以这样读。

剔除自抬身价的成分，他对她的赞美里也不无真诚，他说自己是打她这儿开了天眼的，视她为高高在上的九天玄女，学习她的行文风格，自然也想听她的一声肯定。若她对他犹有余情，那当然是再好不过——他大概隐隐以为，虽然她先说拜拜，未必能将他忘怀，毕竟是他伤了她，伤有多深，正说明她对他的爱有多深。

但是，在香港，当有人问起张爱玲对他的力作《山河岁月》的看法时，她不置一词，他感到了被轻蔑，恨恨地想，我总也不见得输给她。现在，她又从容地给他寄来这么一张明信片，说明她已然将他放下，就像《茉莉香片》里，言丹朱不把聂传庆当男人，才对他有肆无忌惮的亲密。

胡兰成虽然不至于像聂传庆那么愤怒，但肯定有点受伤。于是他在回信中说，我把《山河岁月》与《赤地之恋》来比并着看了，所以回信迟了，他这是把张爱玲和自己拉到一个水平线上，想以此打破张爱玲的心理平衡。他想象张爱玲知道自己的作品被他的灼灼目光照了一下，肯定有点儿心慌，又说，让她慌慌也好，因为她太厉害了。他后来又寄去了一本《今生今世》（上卷），

并写了信。

这封信寄出去之后，胡兰成两口子算是找到了一个特别好的消遣，没事就在那里猜测张爱玲的反应，佘爱珍说，你与张小姐应该在一起，两人都会写文章，多好！胡兰成就说，那你怎么办呢？佘爱珍说，那我就与你"哟霞那拉"。胡兰成说，你心里不难受吗？佘爱珍说，不难受。

两个人说得有来道去的，明明是打情骂俏，拿肉麻当有趣，胡兰成还能装模作样地说：爱珍便是连感情都成为理性的干净。好吧，你的辞典从来都与众不同。

张爱玲没有回复，胡兰成又写信去挑逗，张爱玲给夏志清的信里说："后来来过许多信，我要是回信势必'出恶声'。"

不管张爱玲回不回信，胡兰成夫妇都从中找到了很多乐子，整天说过来说过去的，乐不可支。

张爱玲的回信到底来了，全文如下：

兰成：

你的信和书都收到了，非常感谢。我不想写信，请你原谅。我因为实在无法找到你的旧著作参考，所以冒失地向你借，如果使你误会，我是真的觉得抱歉。《今生今世》下卷出版的时候，你若是不感到不快，请寄一本给我。我在这里预先道谢，不另写信了。

爱玲

十二月廿七

难怪胡兰成说张爱玲厉害，看看这封信写的，整个儿一个骂人不带脏字。从字面上看，没有任何问题，它澄清误会，保持距离，有礼有节，客气隐忍，但这隐忍，正说明张爱玲拿对方当小人看待。

宁可得罪君子，不可得罪小人，我穿鞋的就怕你光脚的，这个"鞋子"，可以理解为尊严，她不想拿苍蝇来练剑。她的隐忍，便是投鼠忌器，有了鄙视、警告、央求、自卫等诸多的意味。

看到这样一封信，胡兰成和佘爱珍傻眼了。但他俩都是千锤百炼的人物，很快恢复正常。佘爱珍先笑话胡兰成活该，又给他出主意，让他装作没收到这封信，再写信给她，请她看樱花。胡兰成都觉得这主意无赖，但又觉得非常好，俩人又嘻嘻哈哈地表扬与自我表扬了一番，消磨了时日，促进了感情，张爱玲大概做梦也不会想到，她这封信还能收到这一效果。

不过，即使张爱玲想得到，大概也不会惊奇，她熟悉那种满是油汗的笑，既瞧不起别人也瞧不起自己，带着由放任而生的疲惫。她笔下最擅长描画这种小市民，下笔如有神时，大概不会想到，自己就栽在这种人手里，可谓阴沟里翻船。

她不能有任何回应——别说写一部《我和××不得不说的话》了，若能牵动她一丝情绪，他都会大得意，他的书商也会借此炒作，白白娱乐了那些无聊的看客。只能是隐忍，只能通达地想，有谁漫漫情路上没有几个污点？有谁的人生可以真正做到清坚决绝，不给观众一丝窥视的余地？像原谅别人那样原谅自己吧，就当成一个黑色幽默，一个可以反观自己了解人性的案例。

但书商跑来跟她约稿，以"胡兰成先生可代为写序"为优厚待遇；又有无数的胡粉拿她说事不算，连地道的张迷苦于看不到她更多资料，也人手一册《今生今世》；而三毛就写了部电影剧本《滚滚红尘》，点明了里面爱得神魂颠倒的男女就是她和胡。

深度刺激她的还有朱西宁，他原本是张爱玲的粉丝，给张爱玲写信，又附了自己写的小说。身在美国无人识的张爱玲见这么一个人万里迢迢地来致意,便回了封信,很是敷衍了他一番。

有天朱西宁突然写了封给她的信登在《中国时报》的《人间副刊》上,引耶稣以五饼二鱼食饱五千人作喻,讲耶稣给一个人是五饼二鱼,给五千人亦每人是一份五饼二鱼,意指博爱的男人,爱一个女人时是五饼二鱼,若再爱起一个女人,复又生出另一份五饼二鱼,他不因爱那个,而减少了爱这个,于焉每个女人都得到他的一份完整的爱。

听上去简直就是个老年版贾宝玉,但贾宝玉早在梨香院里悟透,一个人只能得自己那一份眼泪。在胡兰成这里,甚至都不能说是好色,用张爱玲的说法是,他对人际关系太过依赖,与其说他喜欢恋爱,不如说他花样索要认可,比好色更羞耻。

张爱玲很客气地写了张字条,拜托朱西宁不要写她的传记。从此以后音书断绝。从那时起,她开始亲笔写那部自传体小说,为了讽刺《今生今世》里,胡兰成赞叹的一男数女的集邮式大团圆,她将这本书的书名拟作《小团圆》。

她说:"这是一个热情故事,我想表达出爱情的万转千回,完全幻灭了之后也还有点什么东西在。"这应是在小说结束后她的提炼。千回百转,完全幻灭之后,不见得全是灰烬,起码,那是你年轻时的爱,和你的那一段生命血肉相连,还了金子还了钱,你却无法将记忆全部交还。

于是在那小说末尾,她写了一个梦,盛九莉梦见在松林里,有好几个小孩玩耍,都是她的。之雍出现了,微笑着把她往木屋里拉。"非常可笑,她忽然羞涩起来,两人的手臂拉成一条直线,就在这时候醒了。二十年前的影片,十年前的人。她醒来快乐了很久很久。"

张爱玲最后一次见到胡兰成是在1946年4月,朝后推十年最晚是1956年4月,如果我们不用那么刻板,基本上可以确定是在1956年3月。当时,张爱玲才在美国的写作营认识了赖雅,而之前,她孑然一身地漂泊在纽约。

她梦见十年前的爱,十年前的人,在熹微的晨光里,为此感到快乐再正常不过,因此而断言胡兰成是张爱玲一生至爱,未免过于武断。

1981年9月16日,张爱玲给宋淇的信里说:"《大成》与平鑫涛两封信都在我生日那天同时寄到,同时得到七千美元(其中两千多是上半年的版税)和胡兰成的死讯,难免觉得是生日礼物。"

张爱玲这话说得喜气洋洋,都很难说因为恨,更多是放心吧,他终于死了,不能再整什么骚操作,一下子玉宇澄清。

至于《小团圆》说的那种快乐,也许是因为在不那么年轻的时候,想起年轻时的自己,元气充沛,能够很傻很用力地去爱。青春像小鸟一样不回头,忽而入梦,醒来似幻似真,像是去旧游之地走了一遭,意想不到的乐事。这是对于时间的感触,而爱人与仇人,都是时间的礼物。

3　　桑弧：

我们曾相爱，想到就心酸

和张爱玲的爱情，于他，也许就像一场遇仙记，美好，神奇，但极不真实，一回头，楼台亭阁俱已化作空无。他回到人间，安心地过他脚踏实地的生活，只是不知道是否会有些夜晚，想起往昔，亦觉惆怅旧欢如梦？

日本战败后，胡兰成遁入浙江腹地。张爱玲惦记他，在冬天里，做了件翠蓝的棉袍作为行装，沿着他走过的路，迢迢苦旅，万水千山，来到他藏身的地方。

那是一场伤心之旅，胡兰成不肯放弃在武汉认识的新欢，眼下，又与这范姓女子不清不白。《今生今世》里说，张爱玲是哭着离开的，回去后，她写信告诉他，她一人在雨中撑伞伫立，面对着滔滔黄浪，涕泣久之。

张爱玲的自传体小说《小团圆》则告诉我们，在她消失在他目光中之后，她的痛苦依然轰轰烈烈。

她无法忘记他。

在马路上偶尔听见店家播送的京戏，唱须生的中州音非常像之雍，她立刻眼睛里汪着眼泪。

在饭桌上她想起之雍寄人篱下，坐在主人家的大圆桌面上。青菜吃到嘴里像湿抹布，脆的东西又像纸，咽不下去。

她梦见站在从前楼梯口的一只朱漆小橱前……在面包上抹果酱，预备带给之雍。他躲在隔壁一座空屋里。

她食不知味，靠喝美军留下的大听西柚汁度日，有天在街上，她看见橱窗里走来一个苍老的瘦女人，都被自己的憔悴吓了一大跳，因为营养不良，她的例假几个月都没来。

就是在这时期，桑弧出现在她的生命中。

桑弧这个名字，在《小团圆》面世之前，就一直闪烁在张爱玲的履历里。桑弧，原名李培林，孤儿出身，少年时在证券交易所当学徒，后来考上了沪江大学新闻系，想当记者。但他哥哥与长姐都希望他能有个安稳可靠的职业，于是他结束学业后报考了中国银行。

他狂爱戏剧，是周信芳的忠实粉丝，在周信芳的介绍下，他进入电影行当，由编剧转导演。在1946年到1947年间，他和张爱玲有过多次合作，出品了《不了情》《太太万岁》等几部电影。

在当时，小报上便刊有关于他们二位的绯闻，但并没有引起张迷的重视，因有位貌似比小报更为靠得住的资深影人龚之方打了包票，斩钉截铁地说，张爱玲和桑弧之间只有友谊而没有私情。

他说，新中国成立后他曾经应一干友人之托，想撮合这郎才女貌的一对，他们觉得"张爱玲的心里还凝结着与胡兰成这段恋情，没有散失；桑弧则性格内向，拘谨得很，和张爱玲只谈公事，绝不会提及什么私事"，所以必须有古道热肠的人出来说合。张爱玲听了他的提议，反应却是"摇头，再摇头，三摇头，意思是不可能，叫我不要再说了"。

有了这番经历，龚之方得出的结论是：当时上海的小报很多，他们谈话较随意，有的出于猜测，有的有些戏谑，这却是十足地冤枉了桑弧了。

知情者都这么说了，看来桑弧只是打张爱玲的人生里路过。不过，张爱玲的摇头摇头再摇头，似乎也有点儿蹊跷，这凝重的动作背后，总像是有点儿难言之隐。

但张爱玲跟胡兰成的那段恋情太浓烈且张扬，让人觉得张爱玲的爱情，不可能这样不落痕迹。要知道桑弧到2004年才去世，那时张爱玲早已再度声名大噪，连她的垃圾都被好事者拿去要大做一篇文章，她的一个旧情人怎么能在大上海万人如海一身藏？

张爱玲的研究者陈子善总是放不下，曾到桑弧老先生那里打探，对方"很小心，很机警"。他只是对桑弧讲：李先生，有空的话我要向您请教一些事情，桑弧便连连表示对以前的事情已经不记得了。他问不出所以然，又去问桑弧的儿子——他以前在华中师大的同事李亦中，李亦中亦表示对此一无所知。

几番查无实证，自然不好做"有罪"推断，加上感情线索集中的剧情更为好看，这段纠葛久之便无人追究。要不是一部《小团圆》横空出世，谁能想象桑弧的守口如瓶背后另有隐情？在胡兰成之后，在赖雅之前，张爱玲还另有一段如冷泉幽咽如雨意阑珊的爱恋？

《小团圆》里那个男子叫燕山，出现在以胡兰成为原型的邵之雍之后，这也正是桑弧在张爱玲生活中出场的时间。

燕山是个孤儿，做了导演，与以张爱玲为原型的作家盛九莉有过合作，这些经历全部与桑弧重合。只是，张爱玲写邵之雍，全照着胡兰成来写，这里却说燕山曾做过演员，与桑弧的经历不符，张爱玲做这种技术处理，是想遮掩什么吗？是桑弧的缄默换来这回报，还是张爱玲煞费苦心地为桑弧改头换面，只为更畅快淋漓地叙述那段往事？

反正，张爱玲写桑弧，比写胡兰成时更为慎重，更为"小心轻放"。

盛九莉在心情最为灰暗的时候认识了燕山。感情方面陷入绝境，经济上她也面临极大压力。具体什么情况，小说里没说得太细，还是上面那位龚之方告诉我们，抗战胜利后，张爱玲和汉奸胡兰成的交往成为重大人生污点，有报纸想借她的名字招揽读者，不承想骂声四起。一时间她创作陷入低谷，生计便成为问题，为了省钱，她连电影都不看。

小说里则写道，有电影公司想将盛九莉的一部小说改编为电影，老板接她去家中商议，许多年后，她依然记得那天自己的着装："一件喇叭袖洋服本来是楚娣一条夹被的古董被面，很少见的象牙色薄绸印着黑凤凰，夹杂着暗紫羽毛。肩上发梢缀着一朵旧式发髻上插的绒花，是个淡白条纹大紫蝴蝶，像落花似的快要掉下来。"

记得这么清楚，大概是后来用他的眼睛打量过自己。

却也不是一见钟情的版本，她独坐一隅时，燕山含笑走来坐下。张爱玲写他"动作的幅度太大了些，带点夸张。她不禁想起电车上的荀桦，觉得来意不善，近于'乐得白捡个便宜'的态度，便淡笑着望到别处去了"。

她距离感太强，警戒线太分明，然而读到这段时仍觉得笔触里有柔情，初见时的小尴尬，回想起更令人怦然。

即使戒备着，她还是感觉到他与身上那件浅色爱尔兰花格子呢上衣的冲突，格子上衣的闲适，与他不是一个气场，他像是"没穿惯这一类的衣服，稚嫩得使人诧异"。

他那夸张的、过于接近的动作，可能不是像有些人那样要占她便宜，就像这衣服一样，那是初入场者的稚嫩和缺乏分寸感，后来张爱玲说他们的相处如两小无猜，这调子一开始就定下了。

但是，这并不是他们第一次见面，之前，盛九莉曾经在剧院后台与燕山打过照面，他从台阶上下来，低着头，夹紧双臂，疾趋而过，一溜烟地走了，盛九莉觉得他像她也曾邂逅过的梅兰芳，总有种怕被人占了便宜的警惕。

警惕的人总是敏感的，发现盛九莉的提防之后，燕山整个人陷入了沉默，那沉默是那样重，令盛九莉震撼——笔者恶意地猜测，也可能是之前胡兰成话太多了吧。

第一次相识就是这样，如果燕山不再来找她，他便成了记忆里一点儿模糊的影像，是流水般从身边经过的那些人中的一个。但是，三个月后，他来了，她已经从和邵之雍梦魇般的爱情里挣扎着冒出了头，那时候，她急需抓住一双手，让自己感到身在人间，燕山来得正是时候。

《小团圆》里说，三个月之后，他跟一个朋友来找她。现实中，是桑弧与龚之方一道去张爱玲居住的公寓，劝她写剧本，张爱玲开始还犹豫，在他们的劝说下，终于点头说："好，我写。"龚之方在回忆文章里很高兴地写到这些，觉得自己促成了一件正经事，哈哈，他看不到那两个人之间的火花正噼里啪啦地四溅吗？

桑弧与张爱玲合作的第一部电影是《不了情》。

剧情很普通，家庭女教师和男主人的爱情，被一个不被同情的糟糠之妻阻隔，像是在向《简·爱》致敬，只是少了一个大团圆的结尾。

《不了情》在张爱玲的作品里算不得上乘之作，但张爱玲后来把它改成小说《多少恨》，却加了个前言，说："——我对于通俗小说一直有一种难言的爱好；那些不用多加解释的人物，他们的悲欢离合。如果说是太浅薄，不够深入，那么，浮雕也一样是艺术呀。但我觉得实在很难写，这一篇恐怕是我能力所及的最接近通俗小说的了，因此我是这样的恋恋于这故事。"

"恋恋"两个字用得很是醒目，我无法不猜测还有点儿更重要的原因，比如，她喜欢这故事，也许是因为正贴合她当时的心情。

《不了情》里的虞家茵与夏宗豫两情相悦，但不能在一起，他是有妇之夫，被他身后的秩序牵制；另一方面，她有个猥琐的父亲，年轻时是荡子，晚年是无赖，一次次去找夏宗豫借钱，他自认为有十八般武艺可以施展，却将虞家茵的爱情搅和得七零八落。

张爱玲笔下的女子，有一类非常世故，事事都要精刮上算，另一类却爱得单纯，为了保全一段可以放在水晶瓶里捧在手上看的爱情，宁可先跟对方说再见。虞家茵属于后者,当她父亲的阴影一点点渗入她的爱情里,她宁可在被完全亵渎前消失。

小说《多少恨》结尾写到虞家茵独自离开,夏宗豫来到留下的空屋子里,望向窗外,"隔着那灰灰的,嗡嗡的,蠢蠢动着的人海,仿佛有一只船在天涯叫着,凄清的一两声"。

这个故事的调子,怕是从桑弧和张爱玲的感情里借来的。

张爱玲和桑弧认识时,桑弧尚未娶亲,但他出身孤寒,依傍做小商人的大哥成长。长兄为父,那如父如兄的大哥,好容易把他拉扯大,不会允许他娶一个声名狼藉的女子 —— 这是盛九莉或者说张爱玲的猜测,不知道桑弧是否有过暗示,她总在《小团圆》里说自己是残花败柳。

胡兰成给张爱玲带来的阴影,一如虞家茵的父亲带给虞家茵的阴影,她自己出不来了,也不想连累所爱。

张爱玲写虞家茵不辞而别那场,更像是对自己离开后的想象。

可以说,《不了情》里有张爱玲当时的心结,我们从《小团圆》里看,从头到尾,盛九莉从来没觉得自己能够嫁给燕山。

但人生到底比小说凄凉。小说里,只是虞家茵打定主意离开夏宗豫,夏宗豫放弃得并不甘心,现实中却是桑弧也没打算跟张爱玲在一起,尽管,他对她也是真心。

《今生今世》里胡兰成说,他为张爱玲离婚,《小团圆》里,邵之雍说,我可以离婚。又说,我不喜欢恋爱,我喜欢结婚。还曾说,我们永远在一起好不好?

张爱玲与桑弧的恋情有这些吗? 事隔多年,两人皆对此事讳莫如深。《小团圆》的九莉心里永远没底, 文中处处暗示,他是这样青衫磊落的有为青年,家世清白,相貌英俊,在他面前,她自惭形秽。一起去看电影,出来时,她感到他的脸色变得难看了，她照照粉盒里的镜子，发现是自己脸上出了油。——那粉盒，也是认识他之后才有的，她为他试着学习化妆。

他的脸色未必就与她脸上的油光有关，我们只能看出，她在他面前有多紧张。他在众人面前隐瞒和她的关系，出于自尊，她自觉地不去问他们的将来，却也在心中暗暗地拟想过与他一道生活的情景——要另外有个小房子，除了他之外，不告诉任何人，她白天像上班一样去那里，晚上回去，"即使他们全都来了也没关系了"。

他们，指的是燕山大哥他们吧，真的在一起，燕山那边有诸多亲友，九莉做好了敷衍他们的准备。对于邵之雍她没有这样过，当邵之雍跟她说"天长地久"，她只觉得窒息，不愿意想下去。她想象的尽头，不过是他逃亡到边远小城，他们在千山万水外昏黄的油灯下重逢，相对于这种浪漫想象，柴米油盐相濡以沫更需要勇气。

盛九莉对燕山有这样的爱，燕山却没说要给她相濡以沫的机会。

盛九莉停经两个月，燕山强笑低声道："那也没有什么，就宣布……"

后来验出来没有怀孕，盛九莉自认为在燕山没有表情的脸上，看到了他幸免的喜悦。

她猜到这故事的结局，在他面前流泪。燕山说，你这样流泪我实在难受。她哭着说："没有人会像我这样喜欢你的。"他说："我知道。"

他只说他知道，他知道你喜欢他，他也知道他喜欢你。但他不是敢爱敢恨的江湖儿女，他有一个做小商人的哥哥，他一步一个脚印走到今天，背后的脚印规定了他未来的方向，这个方向与你无关。

最伤人的爱情到底是哪一种？是争吵过、心碎过、鄙夷过、冷笑过的，还是从未开始也就谈不上结束，无始无终，拾不起放不下说不清道不明的？前者只要伤心一次就好，后者却会留下永远的悬念，确定后再推翻、推翻后再确定的猜疑，张爱玲把那心情写在《小团圆》里："雨声潺潺，像住在溪边。宁愿天天下雨，以为你是因为下雨不来。"是的，下雨你会不来，我还是希望天天下雨，好过晴天里望尽千帆。最起码，这一次我可以以为，你是下雨才不来，不是因为你对我没那么爱。我宁可你不来，也不愿面对你对我的不爱。

不能怪燕山薄情，只能说，每一个人对爱的理解不一样。谁规定相爱就得相守呢？只是，相爱的人，常常会有想在一起的意念，有害怕失去的惊悸。"死生契阔，与子成说，执子之手，与子偕老。"张爱玲在《倾城之恋》里借了范柳原的口说：人生里总有死生聚散，我们做不了主，但我偏要说，我要与你在一起。

但燕山无疑没有这样的执着，也许是他早已知道，这种执念于事无补。作为孤儿，他早已习惯失去至爱，"失去""分别"这些词对他没有那么可怕，不能吓倒他，不足以让他想办法要与心爱的人在一起。

张爱玲从未怪过桑弧，虽然他比她大五岁，她却对他一直有种母性的心疼。一度他参与的三部电影同时上映，占了六家戏院，他的宣传者在报头写：请看今日之上海，竟为××之天下。说起来是风云一时，却独有她说：你一得意便又惨又幼稚，永远是那十三岁孤儿。

她不觉得那样的荣耀，能拯救他宿命的凄苦。在《小团圆》里，她写燕山回忆父爱："我只记得我爸爸抱着我坐在黄包车上，风大，他把我的围巾拉过来替我捂着嘴，说'嘴闭紧了！嘴闭紧了！'"这回忆催人泪下。

对一个孤儿，你还能要求什么？何况他是如此安然。

他安然帮她做些拾遗补阙的事，帮她写书评，大张旗鼓地推荐，带她去朋友家，想帮她谋点儿事做，还为她的新长篇拟了一个笔名叫作梁京，取"西风残照，汉家陵阙"的意境。与此同时，他订婚，《小团圆》里说女方是一个漂亮的小女伶，原本是要嫁给海上闻人的，轮不到他，现在大家都是文化工作者了，他才有了机会。

事实上桑弧的妻子确实漂亮，但是个圈外人，张爱玲将小说中燕山的妻子的身份做这样的设定，怎么看都带点儿恶意，像是有点儿芥蒂经年不曾消化。

而写她闻知他的婚事那一段，是猝不及防的惊痛：

> 这天他又来了，有点心神不定的绕着圈子踱来踱去。
> 九莉笑道："预备什么时候结婚？"
> 燕山笑了起来道："已经结了婚了。"
> 立刻像是有条河隔在他们中间汤汤流着。
> 他脸色也有点变了。他也听见了那河水声。

她笑问，装作浑不在意，他笑着回答，装作真的以为她不在意。

欢从何处来？端然有忧色。三唤不一应，有何比松柏？她不忍看见他的忧色，便假做淡然，像歌词："你试着将分手尽量讲得婉转，我只好配合你尽量笑得自然，我就是不能看心爱的人显得为难。"

小报上登出他新婚的消息，他担心她看了受刺激，托人去报社说，不要再登关于他私生活的事。他知道她的心碎。

然后，再没有然后了。

张爱玲一直说他俩的爱情像初恋，年轻时的恋情常常是这样吧，像《玻璃之城》里的舒淇和黎明，开始爱得那么热烈，说分开也就分开了。生活汹涌而来，压倒所有誓盟，若原本没有立下决心，就更容易瞬间溃散，一个转身，便相见无期。

那么，胡兰成与桑弧，到底谁在张爱玲的情史中占更重的分量？当事人都说不清的问题，局外人自然没有置喙的余地。

我只能说，早早爱上老男人的女人，有些后来是会回头爱上年轻幼稚的男人的。因为对老男人的爱，大多是主题先行，缺乏安全感，父爱饥渴，等把这段试完，才能像普通女孩那样，去很单纯地来一段"初恋"，仅仅因为对方的可爱而去爱。只可惜到那个时候，未必就能为"初恋"所接受。

但这对于两人，不见得不是件好事。若张爱玲真的跟桑弧在一起，她就没法儿那么利索地离开上海，而桑弧也必然受她连累，不可能再有创作《祝福》《天仙配》《梁山伯与祝英台》以及我小时候看过的《邮缘》等多部电影的机会。当然，有的人爱情至上不在乎，可桑弧，却是非常重视事业上的成就的。

在新中国成立初期，他用心揣摩时代精神，"如饥似渴地学习毛主席《在延安文艺座谈会上的讲话》，强烈拥护文艺为工农兵服务的宗旨"，并将这些理论应用到工作中，拍了一部电影《太平春》，"揭露美帝国主义轰炸我国沿海城市、残杀同胞的罪行，为推销我国政府发行的人民胜利折实公债做宣传的"。

他后来不再拍这类电影，更注意在影片中表现小人物的悲欢离合，但也经常接受上面布置的重大任务，比如将鲁迅的小说《祝福》改编成电影，这部电影获得了一些国际大奖，帮他奠定了在电影界的声名。

他成了上海电影界的重要人物，与茅盾、夏衍等人过从甚密，参加由周恩来带领的电影代表团出访缅甸。他为人极好，谦虚和善，可以想象，很多时候，他白发苍苍地坐在主席台上，下面那些小资女作家只当他是个老前辈，有谁知道，这个看上去随和平常的老人，曾经为张爱玲所深爱？他和张爱玲，一个在中国，谨慎亦艰辛地活着，一个在美国，选了恣意却也艰辛的人生。

在《回顾我的从影道路》一文中，他淡淡地说某部电影是张爱玲做的编剧，却在文末特别表达了对妻子的感谢，说："我们于1951年结婚，这四十多年以来，我的创作生活一直得到戴琪的支持、帮助。特别是'文革'十年浩劫中，我的一些同事或由于受残酷迫害致死，或由于不堪忍受凌辱而自寻短见。当时我身处'牛棚',情绪十分压抑。但我的爱人始终劝慰我,她要我正确对待逆境,对未来要有信心。这才使我度过了那难熬的十年岁月。我永远不会忘记她给予我的鼓励和爱心。"

相信这是他的真心话,他终究是个理性的人,当情人不够痴缠投入,当丈夫却能从一而终。和张爱玲的爱情,于他,也许就像一场遇仙记,美好,神奇,但极不真实,一回头,楼台亭阁俱已化作空无。他回到人间,安心地过他脚踏实地的生活,只是不知道是否会有些夜晚,想起往昔,亦觉惆怅旧欢如梦?

和他近乎刻意的守口如瓶不同,张爱玲之后再提起他口气自然。1978年4月,她写给宋淇的信里说:"写《半生缘》的时候,桑弧就说我现在写得淡得使人没印象。"

给邝文美的信里亦曾说:"我真怕将来到了别的地方,再也找不到一个谈得来的人,以前不觉得,因为我对别人要求不多,只要人家能懂得我一部分(如炎樱和桑弧等对我的了解都不完全,我当时也没有苛求),我已经满足。"

她跟桑弧确实不是灵魂上的知音。《小团圆》里她写道,燕山将盛九莉的小说改成电影,改得非常牵强,九莉无法面对,逃出影院,燕山追上来,他着急地说:"没怎样糟蹋你的东西呀!"张爱玲特意写这么一笔,似乎说明,起码第一次合作时,她对桑弧的导演风格并不怎么接受。

但这些一点儿也不重要,在爱情里,懂得真的不是特别重要的事,心情好的时候,谁与谁都能懂得,还是那句话:没有对的人,只有对的时间和地点,时间地点对了,人也就对了。

她和桑弧,彼此都算不上对的人,但他们在一个对的时间遇上了,所有就都对了。她说:"燕山的事她从来没懊悔过,因为那时候幸亏有他。"

幸亏有他,有他那一程陪伴,不然怎么活下去。尽管是他先放弃,她对他都始终有感激。"我们曾相爱,想到就心酸。"心酸的是那种眼睁睁的感觉,没有背叛,谈不上辜负,从一开始就微笑着眼睁睁地看你离开,不做任何挽留。但有点心酸也很好,总比胡兰成让她想到就心烦要好。

4 　　赖雅：

爱又如何

很难说张爱玲和赖雅结婚对不对……那是她的个性、她的命运让她在那个时间点上，做出的无可选择的选择。人生不是永恒轮回，不妨尊重一切的发生。

对于张爱玲的最后一段婚姻，她的好友、铁粉、研究者夏志清一直很有意见，认为她是被那个老男人骗了。

他想不通她为什么要嫁给这么一个又老又穷的过气作家，长期居无定所，固定收入是每月五十余美元的社会福利金。身体状况可以用摇摇欲坠来形容，婚前婚后多次中风，最后两三年，卧床不起，大小便失禁，两个黑人仆妇都照顾不了他。

夏志清怀疑赖雅隐瞒了病史，恨他剥夺了张爱玲做母亲的权利："三十六岁的才女，在美国想找个年龄相当身体健康的对象不能算是个奢望。但在爱情方面，张爱玲从来不采取主动，人家找上门来，她就被感动了。她可说是旧式的中国女子，跟定了一个男人，也就不想变更主意。假如丈夫病了，她就一人咬紧牙关奋斗下去。"

那个衣着前卫，作风叛逆的"民国女子"，在夏志清眼里居然是个"嫁鸡随鸡嫁狗随狗"的"旧式女子"？

但夏志清也还是注意到现实："除了写稿以外，她并无任何打算，也没有什么积蓄……因之对她来说，同一个有资格进麦克道威尔文艺营的美国文人结婚未始不是一条好的出路。不论他年纪多大，在经济上总该比她有办法。她哪会知道六十五岁的赖雅早已钱、才双尽，在他的想望中，同刚有新书在美国出版的年轻中国才女结婚，正好也解决了他的一切问题。"

将夏志清的意见拼凑在一起，张爱玲倒很像《倾城之恋》里的白流苏，精明是精明的，可惜遇上了更精明的赖雅。当然，她见情况不妙大可以跑掉，但她骨子里又是旧式的，失算了，也就认了命，到底没玩过狡猾的美国人。

这些话，都是在他的朋友张爱玲去世后说的。若张爱玲九泉有知，不知作何感想。估计无所谓，张爱玲说，她被姑姑和母亲教育得对熟人没有一点好奇心，总想："他那样想自然有那样想的道理。"

她对赖雅的状况并非不知情，在她和赖雅刚刚结婚的1956年8月，她给邝文美的信里就说赖雅穷途潦倒，和自己一样身无分文。"而年纪比我大得多。似乎比我更没有前途。"她说，"这婚姻说不上明智，却充满了热情。"并说："总之我很满意和快乐。"

在赖雅去世三年后，张爱玲写给朱西宁的信里说："他是粗线条的人，爱交朋友，不像我，不过我们很接近，一句话还没说完，已经觉得多余。"

张爱玲并不是个特别好懂的人。此前说过，张爱玲和胡兰成用的就是两部辞典，但是双向奔赴的人，就能在鸡同鸭讲中完成灵魂共振。赖雅作为一个西方人，居然能和张爱玲有一种混沌的意会，是他聪明绝顶？还是他们确是同类？

之后又有美国记者来采访她，说起其实拖累了她的丈夫，她并无怨怼之色，用"迷人"来形容他，夸赞他是很好的导游："当他跟我住在纽约时……那城市仿佛是我的，街巷也因此变得活生生的。"

可以想象赖雅是一个具有感染力的人，更难得的是，张爱玲经历那么多困顿摧残，仍然能够向别人描述赖雅的光彩。在和赖雅的这段婚姻里，张爱玲展现出她个性中的另一面：尽管她对人性的灰与黑洞若观火，但当她确认一个人、一段感情值得信赖，她就会不留余地去爱，她自己说过："真爱就是不问值得不值得。"

《半生缘》里的顾曼桢，《多少恨》里的虞家茵，甚至《金锁记》里恋爱时的长安，身上都有这种理想主义。

尽管如此，我依然怀疑赖雅才是给张爱玲伤害最大的那个人。她碰到胡兰成这样的人，过得不好，还可以抱怨命运，或者期望有更好的遇见；但她遇到如此可信、美好、彼此深爱的赖雅，依然给她带来无尽痛苦，会让她对亲密关系本身产生怀疑。

张爱玲晚年闭门不出，千方百计逃避社交，不知道是不是这段婚姻留下的后遗症。如果可以回头，回到他们初见时候，她还会做这种选择吗？很难猜测。因为尽管他给她带来许多负累，但初相见时，他给了她兵荒马乱中唯一可以奔向的怀抱。

先从1952年7月说起，张爱玲以去港大复学的名义来到香港。她曾在港大读过三年书，后因战争中断。九年之后她母亲的老朋友设法帮她弄到一张港大的复学证明，使她有机缘逃离她日渐感到政治压力的上海。

她其实无意再入学，但是把她弄出来的港大老教授"异常怕事"，"硬要我暂时重进港大，反正原来的奖学金仍在"。

奖学金是一千港币，拿到还需周折，老教授受人之托，可能也怕张爱玲跑掉，一直奋力帮她争取。但到了这年11月，学校收到张爱玲一封信说要辞去奖学金，她人已去了日本。

炎樱在东京做房产经纪人，做得风生水起，还说能帮她找工作。但张爱玲主要目的是去美国，以为日本是赴美捷径。对她来说，到了香港还不够，她想要的远方是美国。

从1945年起，张爱玲就成了政治上的灰色人群，时常有人提起她和胡兰成的关系，视她为"汉奸妻"，远方会让她觉得更安全。

另外一方面，美国更有可能圆满张爱玲的野心。她19岁时就在《天才梦》

里写道："我要比林语堂还出风头，我要穿最别致的衣服，周游世界，在上海自己有房子，过一种干脆利落的生活。"

然而日本之行颇不顺利，她在《浮花浪蕊》里写洛贞从香港搭乘挪威货船前往日本，乘客千奇百怪，行程也很拖沓："这只船从香港到日本要走十天，东弯西弯，也不知是些什么地方"，极有可能是她本人的经历。

好容易到了日本，炎樱的承诺也很难兑现，从张爱玲和邝文美的通信里看，炎樱多少是有点爱吹牛的。

三个月后，张爱玲归来，港大并没有放过她，不依不饶地要她补付四百五十元港币的学费。一番讨价还价，变成分期九次付款。到这里还不算完，有次她应征翻译，录取后人家到港大调查，有人说她有通共嫌疑。

不难想象张爱玲经济上的拮据，好在她此时有份工作。美国新闻处（以下简称美新处）征集翻译海明威《老人与海》的人员，张爱玲凭借此前的译稿，在一众竞争者里脱颖而出。

之后她为香港新闻处翻译了很多名著，包括她讨厌的欧文，她说翻译他的书，像是同自己不喜欢的人谈话，无可奈何，逃又逃不掉。她唯独对海明威有好感。

不过除了基本生存需要之外，她在美新处也另有收获，认识了命中"贵人"麦卡锡和宋淇。麦卡锡看了她用英文写的《秧歌》，"大为心折，催她早日完稿，并代她在美物色到一位女经纪，很快找到了大出版商 Scribner 接受出版"。

1955年，《秧歌》在美国出版，包括《纽约时报》《星期六文学评论》在内的美国各大主流媒体都刊发了书名。这年秋天，她终于得到赴美的机会：按当时的难民法令，学有所长的人士有机会赴美，取得永久居住资格，并最终成为美国公民。

告别宋淇、邝文美夫妇,她乘船来到纽约,她喜欢这个城市,华丽、梦幻,蕴藏着无尽可能。而她才三十五岁,完全有可能大展拳脚,实现她的美国梦。

但迫在眉睫的还是生存问题。她的钱不太多,一部分旅费还是宋淇作保,从电懋公司借出来的,张爱玲当时已经在为这个公司工作,任国际影片发行公司(电懋电影公司前身)的剧本编审委员会委员。

靠已经来到美国的炎樱的介绍,她住进救世军办的带有慈善性质的女子宿舍。这里的服务员是街上无家可归的酒鬼,邻居们是落魄的打算老死此地的胖太太,算是美国的社会底层。

就是在简陋的女子宿舍里,张爱玲接待了她少年时代的偶像胡适。

胡适对她来说是个太熟悉的名字,少女时代她成天朝父亲书房里跑,把书一本本拖出去看,但那套《胡适文存》,她是坐在书桌前看完的。又按照他的推荐,去读《海上花》《醒世姻缘传》。

她还记得战后胡适回国时的照片,笑得像个猫脸的小孩儿,她姑姑看着笑了起来说:"胡适之这样年轻!"——他们一桌打过牌。

1954年,《秧歌》在香港出版后,张爱玲寄了一本给胡适。两三个月后,胡适回信赞她写得好,"接近平淡而近自然的境界"。还要张爱玲将中文本多寄两三本来,他要介绍给一些朋友看看。提携之意很明显了。

张爱玲到美国之后,就和炎樱去看望胡适,一进门便有时空交叠之感,历历往事,俱上心头,虽不能说"岐王宅里寻常见,崔九堂前几度闻",但胡适作为"五四"前后最重要的文化符号,一下子在她眼前复活了。只是物非人也非,"正是江南好风景,落花时节又逢君"。此刻张爱玲远离自己主场,胡适则更加寂寞。炎樱出门后打听了一下,对张爱玲说:"喂,你那位胡博士不大有人知道,没有林语堂出名。"

张爱玲自己去看了胡适一次，没有炎樱在一旁，谈话深入了些。胡适告诉她，自己正在给《外交》杂志（*Foreign Affairs*）写篇文章——"有点不好意思的笑了笑，说：'他们这里都要改的。'"

社恐患者张爱玲两度去看胡适，肯定有朝拜偶像的成分，但不必讳言，她也有现实的期待。江湖上总是人抬人，萧红纵然是天才，若不是鲁迅先生的热忱推荐，也不大可能迅速被人知晓。1971年，张爱玲和水晶见面时也曾谈道："似乎从五四一开始，就让几个作家决定了一切，后来的人根本就不被重视。她开始写作时就感到这层烦恼，现在烦恼越来越深。"（《蝉——夜访张爱玲》）

她是识时务者，早年就曾对出版商说，如果能让小说卖得更好，提一下她是李鸿章后人也可以。此时一无所有地漂泊在美国的张爱玲，更是迫切地想要成功。她经常用牙牌算命，有次看到命书上说自己要到1963年才能交好运，她写信给邝文美说："你想岂不是等死人？'文章憎命达'那种酸腐的话，应用到自己头上只觉得辛酸了。"

胡适是慷慨之人，本来就乐于为年轻人利用，何况他一直记得，张爱玲的祖父帮过他父亲。另外，胡适本人确实也还算欣赏《秧歌》——张爱玲后来告诉朋友，她的作品里胡适只欣赏这一部。胡适给《秧歌》做了密密麻麻的批注，还要把《秧歌》推荐给他的朋友看。但落魄者能有什么厉害朋友呢？当时胡适的影响力确实如炎樱所说，不如林语堂，他的推荐也没了下文。

胡适能给张爱玲的温暖，不过是到这个女子宿舍来看看她，还满口赞好。张爱玲起初觉得"还是我们中国人有涵养"，后来感觉他不像是敷衍，也许那种清寒困窘，让他想起自己英姿勃发的年轻时代吧。

张爱玲无法重现当年在上海瞬间爆红的奇迹，她要像一个普通作家那样安置当下的自己。1956年2月，张爱玲给位于新罕布夏州彼得堡的麦道伟文艺营寄去申请书，申请免费栖身，完成正在创作的小说。文艺营审批委员很快回复，同意接纳她。

3月中旬，她来到群山包围中的麦道伟文艺营，遇到了赖雅。这个具有公益性质的文艺营地，主体是一座别墅式的建筑，下午4点之前，文艺家们各自待在自己的工作室，写作、绘画或者雕塑等等。4点之后，文艺家可以来到大厅，手持一杯鸡尾酒，与自己感兴趣的邻居交谈。张爱玲与赖雅，就是在这样的背景下遇见的。

赖雅对张爱玲第一印象很好，觉得她既庄重大方，又和蔼可亲。这个印象跟张爱玲留给读者的不同，跟胡兰成第一次见到的她也不同，难道生活教会了张爱玲不再那么清高？似乎也不是，张爱玲的"和蔼可亲"，应该因为赖雅自带松弛感。虽然这个全名甫德南·赖雅的男人此刻近乎一无所有，但不缺自信。

赖雅的父母是移居美国的德国人，他本人打小就有神童的名声，经常被爸妈带着在亲友的生日或结婚宴上声音朗朗地即席赋诗。大家的童年噩梦，却是赖雅文学生涯里的第一步。

他成长道路很顺利，十七岁进入宾州大学，修文学，还写了一部诗剧；二十一，进入哈佛大学攻读硕士学位，创作的剧本《青春欲舞》被前辈欣赏，两年后，该剧在麦克道威尔戏剧节上演——那时他可能不会想到，四十年后，他要在这里栖身，并且和一个名叫张爱玲的女作家相遇。

二十二岁，他拿到硕士学位，在麻省理工大学任教，不久辞去教职，成为自由撰稿人，之后做了好莱坞的编剧。1931年到1942年，是他的光辉岁月，所交往者大多是名流大腕，比如乔伊斯 (James Joyce)、康拉德 (Joseph Conrad)、庞德 (Ezra Pound) 等等，此时人生如一场华丽盛宴。

"出名要趁早，来得太晚，快乐也不那么痛快了。"张爱玲春风得意时曾这么说，但太痛快了也不是好事。比如赖雅，早年一帆风顺的他世界偏明朗，没有阴影辅助，缺少了张爱玲那种参差对照的层次感。

他对什么都兴致勃勃，做什么都容易成功，时刻处于被诱惑状态，生命被淹没在一波接一波的华丽幻影中，丝毫没有发现命运的给予不见得全是好心。

问题出现在1943年，这一年他不小心摔断了腿，又轻度中风。他的身体向来看似强壮，这样的人，一旦出现问题，就是病来如山倒。

好莱坞也抛弃了他，总有新人脱颖而出，赖雅又非一线编剧，十二年之后才变成前浪，生活对他已经很够意思了。

他结过一次婚，妻子是一个活跃的女权主义者，两人相处不来而离婚。现在他是孤家寡人，还没有钱，赖雅挣到过很多钱，到手就花掉了。他没有吃过没钱的苦，真的视金钱如粪土。《小团圆》里这样说："都说'汝狄在钱上好'。"好在哪里？就是很方便跟他打秋风呗。他一向本着有钱大家花的宗旨，他是一个共产主义者。

张爱玲见到他时，他已经落魄许久，但对他来说，人生起落，皆是常态。面对刚刚结识的同行，他出于自己热忱友善的天性，亲切地向她提问。敏感如张爱玲，不难识别出他个性中单纯与世故糅杂的、令人愉快的特质，这让她能够放松下来。

胡兰成曾说张爱玲取人，首先要看聪明不聪明，其实张爱玲更看重的是温度。张爱玲的母亲和姑姑都太冷了，她们喜欢清洁，冰清玉洁，冰和玉都是冷的。张爱玲也喜欢清洁，她最怕的是虱子，但她没有母亲和姑姑那股狠劲，还是会向往温暖。

况且外面天又那么冷，大雪下个没完——司马新的《张爱玲与赖雅》中说，张爱玲认识赖雅没几天，一年之中最猛烈的暴风雪袭击了这一地区。大地苍茫，覆盖所有道路，没有从前，也没有未来，只有当下，你在我眼前，像是在世界尽头，那一点微温，让人相亲相爱。

张爱玲拿出自己的小说《秧歌》给赖雅看，赖雅表示欣赏她的文笔。这应该不是客气，后来赖雅读《小团圆》，特别欣赏其中那句九莉听到爱慕的老师被炸死的消息："抬起头来，在心里对楼上说：'你待我太好了，其实停止考试就行了，不用把老师也杀掉。'"赖雅能够识别出这种让悲伤更悲伤的黑色幽默。

赖雅也跟她讲述自己的过往，张爱玲乐于听他的故事。《小团圆》里，燕山对盛九莉说，你大概是喜欢老人。盛九莉在心里回道：他们至少生活过。而赖雅，不但活过，还很热闹地活过。现在日已迟迟，他依然"饱藏强烈能量"，在困境中也能给身边人以安全感，安抚着左支右绌的张爱玲。

就在两人有"同房之好"（赖雅日记语）的两天之后，赖雅在文艺营的居住期限已到，张爱玲去车站送他。她表达了她的感情，说到自我发展和经济上的困境，却不是想要他承担，相反，她还给了他一些钱，她一开始就知道他比自己更穷。

张爱玲号称一钱如命，跟姑姑都要算清楚，但正因如此，金钱也是考验她的亲密关系的唯一标准。爱他爱到坦然地跟他要零花钱是一种，心无芥蒂地送他钱也是一种。

此地一为别，可能就是天各一方。他喜欢宁静的小镇，她热爱繁华的都市，彼此在对方的生活里来来去去也可。然而，意外发生了：两个半月之后，赖雅收到张爱玲的来信，她告诉他，发现自己怀孕了。

她并不是以此逼婚，张爱玲恐惧生育，曾说："凭空制造出这样一双眼睛，这样的有评判力的脑子，这样的身体，知道最细致的痛苦也知道快乐，凭空制造了一个人，然后半饥半饱半明半昧地养大他……造人是危险的工作。"又说,"我们的精力有限,在世的时间也有限,可做,该做的事又有那么多——凭什么我们要大量制造一批迟早要被淘汰的废物?"

她还曾引用"地母"的话:"生孩子有什么用?有什么用,生出死亡来?"

撇开精神层面,单就现实来说,张爱玲也没生孩子的条件,经济压力自不待言,她对自己的期许尚未达到。身体里却突然多了个时刻生长着的小孩子,让生活上相当低能的张爱玲几近崩溃。她只是,吓坏了。

赖雅迅速给她回了信,向她求婚。但张爱玲没等收到这封信就跑到赖雅所在的萨拉托卡泉镇找他,他们共进晚餐,赖雅再次向张爱玲求婚,但为这顿晚餐花费的二十美元是张爱玲出的,毕竟赖雅每月的福利金只有五十二美元。

赖雅表示,他绝对不要这个孩子。这应该也是张爱玲的意思,在《小团圆》里她写汝狄(即赖雅)迟疑地说:"生个小盛也好。"盛九莉笑道:"我不要。在最好的情形下也不想要——又有钱,又有可靠的人带。"

所以并不是奉子成婚。那么何必结婚?就算张爱玲是惊慌失措,赖雅总该清楚自己结不结得起这个婚,莫非真如夏志清所言,赖雅要找个女人接盘?假如他这么想,曾经创作出曹七巧、白流苏的张爱玲也没那么容易上当吧。

可能还得用张爱玲的话去破解,她给邝文美的信里写:"这婚姻谈不上理性,只有热情。"

她漂泊了太久,怀孕这件事更是雪上加霜,让她方寸大乱,那时候,安全感对她而言,是沙漠中濒死的人渴望的那杯水,是天下第一等大事。所以在她收到赖雅那封求婚信之前,她就离开文艺营跑来找赖雅,她知道他帮不了什么忙,但光是看见他就能让她安心。

如同在兵荒马乱中奔向一个人,奔向一双温暖的手。他是个好人,一个可爱的人,如果她想要在这异邦与谁建立亲密关系,也只有他了。他能为她做什么呢，只能是把手伸过来。以后怎样，再说吧。

但还是有些东西替不了她。比如《小团圆》里写九莉流产肚子疼得翻江倒海时，汝狄居然去对过烤鸡店买了一只烤鸡，吃得津津有味，还让她吃。她不免有点反感，却也理性地想，难道要他握着她的手？难道不吗？她的节制简直让人心疼，她似乎很清楚，从这个男人这里到底能得到多少。再多的，她不指望。

她在他那里得到的是另外一些东西，他生命力超级旺盛，但凡有一点儿缝隙，他都要活得兴致盎然。婚后他按照张爱玲的喜好，定居都市，他喜欢逛街、购物、布置房间、搜寻美食，他带着张爱玲享受他发现的一切。

1958年9月30日，张爱玲三十八岁生日，从早晨开始就下雨，又赶上美国联邦调查局人员来核查赖雅的某项债务问题。他们注意到张爱玲，开始调查她的来历。就这么着，都没能影响赖雅的好心情，他唯一的想法就是希望这个人赶紧离去，好让他们的节目鸣锣开场。

等那人离去，天空放晴，他们踩着五彩缤纷的落叶去邮局寄信，再回到家中，享用生日宴。张爱玲精心地装扮，两人一块儿去电影院，电影很精彩，他们笑出了眼泪，又在冷瑟瑟的秋气里回家，吃完剩菜。

这样写下来，是不是就是一篇无聊的流水账？但是张爱玲告诉赖雅，这是她有生以来最快乐的生日。我想这是因为，和喜欢的人在一起，流浪也像度假。再有就是赖雅有那种让人快乐起来的天分，他是那种挂在悬崖上还要乐呵呵地指导别人欣赏绝世风光的人。

赖雅人不错。他当年是著名作家布莱希特的好友，布莱希特从德国流亡到美国时，赖雅热忱地帮助过他，给过他钱，还帮他把家眷弄到美国。俩人合作写过一部《伽利略传》，但是布莱希特在最后定稿时没有把他写的部分编进去，有人怀疑这是两人友谊转淡的原因，张爱玲不这么认为。她深知赖雅为人赤诚，这件事无关宏旨。

让赖雅不爽的是后来的事，布莱希特声名鹊起之后，邀请赖雅到欧洲发展。赖雅的字典里大概没有"虚邀"这两个字。1950年左右，他兴致勃勃地跑到欧洲，到那儿才发现自己"很傻很天真"，布莱希特并没有做好迎接他的准备。赖雅很生气，提前回去了。这时布莱希特才发现老朋友对他的友谊并不是无条件的，写了几封信想要挽回，赖雅没再回复过。

但作为一个好人，一个诚实的人，他对布莱希特的才华依然肯定，还推荐张爱玲去看布莱希特的剧作《四川好人》。对于其他人，他则不想再提"我的朋友布莱希特"。

张爱玲很欣赏他这点，跟采访她的美国记者提到，有次"一位黑人作家到辛克莱·刘易斯家做客后，写了一本书，（赖雅）读后相当愤慨。平日他也会把辛克莱的事当作茶余饭后的话题，但仅止于嘴皮上说说。我也不认为他有意将这些事写成文章，可以说那就是一种朋友间的忠诚吧"！

想想胡兰成都分手多少年了还"爱玲""爱玲"地喊得让人如闻其声，要将她吃干抹净，高下自见。

在张爱玲眼里，赖雅的外表很有型，说他戴的扁帽则予人十分欧派的感觉。为了证明不是情人眼里出西施，她还举例说，她听到过与他初会面的年轻人以及年长女士评论他的外形，"言词中饶富敬佩之意"。

作为一个作家，最重要的还是才华，这方面张爱玲说得客观而节制。她认为赖雅是一个聪明过人的写作者，但他缺乏一种固执，一种撑过冗长、严肃计划的忍耐力，缺少"勇气和毅力"。

她也坦陈没有怎么看过赖雅的作品，这很正常，乔伊斯的作品她也不爱看。不过这世上不乏欣赏他的人，比如出版《秧歌》的那家出版公司给张爱玲一千美金稿费，却愿意给赖雅的书稿出三千美金。

夏志清眼里这个又穷又老的过气作家，在张爱玲眼里是个很不错的人呢。当然，赖雅的热情偶尔也会给张爱玲带来困扰，她说他对人际关系的依赖到了过分的地步。有次他的朋友带了只山羊要给她看，他幽默地称之为一个朋友要见她，却不知道"一个朋友"这四个字是能吓到张爱玲的，她非常抵触，他不得不煞风景地道出真相。

还有，多少年前和继母激烈对抗的张爱玲大概没想到，她也会做人家的继母，那个和张爱玲差不多大的"女儿"对来自中国的继母保持着面子上的客气，两人内心并不相互认同。

但这些无关大局，张爱玲和赖雅的关系，已经是她感觉到的各种人际关系中，比较完美的一种。他单纯，并且痴爱着她——炎樱和赖雅的女儿不约而同用"痴爱"形容赖雅对张爱玲的感情。余生似乎可以就这么度过，用彼此的一点儿暖来慰老温贫。

但"钱"是个躲不开的问题。高看赖雅一眼的公司可能不是很多，赖雅一开始就坦言自己养不了家，这是大实话，找钱的事还得张爱玲来。

《秧歌》的好运气是昙花一现，张爱玲寄予厚望的《粉泪》在美国惨遭退稿，后来修订为《北地胭脂》，依然被拒绝。她有次梦到别的作家获得成功，她觉得很丢人，泪流满面地向赖雅复述。

她不得不靠翻译和写剧本挣钱。另外，母亲去世时留给她一只古董箱子，她和赖雅称之为宝藏，他们把里面的东西一件件取出来变卖。张爱玲总能以超出众人期望的价钱卖出去，连赖雅也惊讶于她的商业头脑。

总之，张爱玲是家中经济顶梁柱。粉丝难免为张爱玲感到不平，但是即使在《小团圆》里，张爱玲也没有抱怨过赖雅的"无能"。夏志清说她是旧式女人，可旧式女人是要"嫁汉嫁汉，穿衣吃饭"的。张爱玲也许只是这方面有点像《半生缘》里的顾曼桢：曼桢有这么个脾气，一样东西一旦属于她了，她总是越看越好，以为它是世界上最好的……

就算没有"最好"这么夸张，赖雅起码是她感情上的依赖。1961年秋天，张爱玲决定去香港工作一段时间，赖雅虽然震惊且不快，流露出被"抛弃"的凄凉，但还是配合她，安妥自己的生活。

张爱玲离开不久，赖雅中风了，昏迷在医院。当时张爱玲正在游览台湾的途中，得知消息，她没有立即回去，首先是她知道赖雅手里有治病的钱，其次是赖雅可以去他女儿那里。就像她不奢望赖雅在她流产时握住她的手一样，眼下，她觉得找钱比回去陪伴他更重要。

像当年去温州千里寻夫那种事，她已经干不出来了吧。那次就是好心当作驴肝肺。人到中年，知道许多时候，金钱比陪伴更重要。

说起来好像有点冷酷，难道张爱玲和赖雅的婚姻只是一种取暖？倒也不是。之后张爱玲到香港工作小半年，虽然百忙中只给赖雅写了六封信，但字缝里常见她的爱意。

她说她能看到他坐在暖炉前，坐在地板上，像个巨大的玩具熊；说虽然他不告诉自己他的近况，她也知道他和自己一样狼狈不堪；她表扬赖雅找到一间舒服的公寓的能干，同时也婉转告诉他，她压力很大，不要乱花钱；当他抱怨她迟迟不归，她也是极有耐心对他说，自己和他一样归心似箭，还说"3月16日之后，在你念完 Maximillian Ferdinand Reyher（赖雅全名）的长长名字之前，就会回到你身边"……

但她也知道他帮不了自己，她在香港过得很不好，首先是始终拿不到钱，然后是得不到认可。她像是被囚禁于困境中。1962年2月18日，元宵前夜，她站在公寓的屋顶，与生平最爱的月亮对视。她写过楼板上蓝色的月光，像是静静的杀机，写过陈旧模糊的月亮，像朵云轩信笺上落下的泪滴。这个夜晚，她看到的是一颗红色的满月，怪异、惊怖，在天宇下，不动声色地与她相对。她在空旷的屋顶走来走去，感觉到全世界没有人可以求助。

3月16日，张爱玲终于离开香港，飞回华盛顿，奇怪的是，赖雅在华盛顿机场看到的她没有一丝萎靡之态，反倒是"生机勃勃"的。这应该是丢弃一个烂摊子的如释重负，还有"重整河山待后生"的摩拳擦掌，张爱玲虽然瘦弱，内心可是住着一个打不败的人。

赖雅建议顺便游览纽约，张爱玲一口拒绝，她喜欢纽约，是想在那里定居而不是做一个游客。（赖雅日记里说："長期居住纽约可以宣告爱玲的成就，这是她最后的愿望，对她来说就是中国人的文明病。"）来日方长，她对成功依旧期待。算命的不是说她1963年会转运吗？四舍五入没几天了喔。

但是就在这年5月，赖雅再次小中风，同年12月，他因疝气手术需要住院，曾经花钱如流水的他，却因不愿意付二百块预付费而拒绝入住。在张爱玲和他女儿霏丝的坚持下他让步了，住院七天花费四百一十五美元，是张爱玲的半部剧本的稿费。

1963年7月，赖雅跌了一跤，这次竟至卧床不起。屋漏偏逢连夜雨，1964年6月，电懋公司创始人陆运涛，以及在宋淇离职后和张爱玲接洽的翁美丽夫妇空难身亡，张爱玲失去主要的经济来源，不得不搬到位于黑人区的廉价住所里——给张爱玲算卦的那位真是不靠谱，张爱玲白白等待这么久。

小说创作也不顺利，《易经》始终卖不掉。张爱玲不得不请夏志清找几个批评家与编辑看看她的《北地胭脂》，希望获得推荐，还点了同系教授Keene的名。夏志清的夫人王洞说，夏志清没有为她或自己求过人，硬着头皮帮张爱玲找Keene，但Keene的"反应并不好"。

张爱玲还收到编辑非常激愤的退稿信："所有的人物都令人起反感。如果过去中国是这样，岂不连共产党都成了救星。"——这个理由实在有点奇葩，接受事实不可以吗？张爱玲总结自己不吃香的原因是："我一向有个感觉,对东方特别喜爱的人,他们所喜欢的往往就是我想拆穿的。"

实事求是如她,无法满足那些西方人的需求,将旧中国描绘成一帧古雅的画卷,或者拿出可以满足猎奇心理的奇怪东西。

好在张爱玲的老友麦卡锡给她找了不少翻译名著的工作。同时,她动用了全部情商,请朋友们帮忙推荐申请各种基金,去学校做驻校作家,等等。这就免不了要跟人打交道,对于超级回避型人格的她是巨大的考验,结果总是弄到不欢而散。

与此同时,她还得照顾瘫痪在床的赖雅。她原本希望赖雅的女儿能分担一点,但美国的儿女不管这些。张爱玲给夏志清的信里说:"Ferd(指赖雅)久病,我在华盛顿替他安排的统统被他女儿破坏了,只好去把他接了来,预备在附近城里找个公寓给他住着,另外找人每天两次照料,但迄未找到人。在我这极小的公寓里挤着,实在妨碍工作,与华府时不同。"

请人照顾也不容易,她一度请了两个黑人护工照顾赖雅,但赖雅大小便失禁,护工无法打理干净,张爱玲时常要亲力亲为。在她做驻校作家时,也要千辛万苦地将赖雅搬来搬去。

想起《烬余录》里,写战争时候,她做志愿者照顾伤员:

> 有一个人,尻骨生了奇臭的蚀烂症。痛苦到了极点,面部表情反倒近于狂喜……眼睛半睁半闭,嘴拉开了仿佛痒丝丝抓捞不着地微笑着。整夜地叫唤:"姑娘啊! 姑娘啊!"悠长地,颤抖地,有腔有调。我不理。我是一个不负责任的,没良心的看护。我恨这个人,因为他在那里受磨难,终于一房间的病人都醒过来了。他们看不过去,齐声大叫:"姑娘。"我不得不走出来,阴沉地站在他床前,问道:"要什么?"他想了一想,呻吟道:"要水。"他只要人家给他点东西,不拘什么都行。我告诉他厨

房里没有开水,又走开了。他叹口气,静了一会,又叫起来,叫不动了,还哼哼:"姑娘啊……姑娘啊……哎,姑娘啊……"

都说我们要爱具体的人,而不是爱抽象的人,但爱抽象的人容易,爱具体的人太难。一个躺在床上的人,真的能激发出人性最为残忍的一面。

张爱玲对赖雅,可以一直有耐心吗?后来有个美国学者为布莱希特的事去采访她,写道:"她与赖雅最后的那几年过得艰难(赖雅晚年健康状况恶化,致使他生活起居几乎事事要人照料),我很讶异在这样的前提下,她能敞开心怀毫不忌惮地与人谈论他。言词中,她对这个在生命将尽处拖累她写作事业的男人,丝毫不见了怨怼或愤恨之情。相反地,她以公允的态度称许她先生的才能,说明他的弱点所在……"

这言下之意是,换谁,都不可能是没有怨言的吧。美国记者还不知道,从小就有仆人照顾的她,曾经肆无忌惮地表现自己生活上的无能。

1965年的圣诞节,赖雅的外孙偕女友来探望他,出门前女孩子忍不住哭出声。不知道孩子们看到了什么,只能按照有限的生活经验去推想,房间里的光线、气味,和躺在床上的老人的眼神。

赖雅生命晚期,骨瘦如柴,一辈子都神采奕奕的他,不愿意再与他人对视。一次他的一个表亲来探望他,赖雅把头转向墙壁,要求他离去。这个"饱含生命能量"的人倒下了,他的委顿,对敏感的张爱玲何尝不是一种压力?

张爱玲对那些艰难只字不提。可能不是因为爱情,也不是高风亮节,只是她选的,她接受,命运安排的事,没什么好抱怨的。

1967年10月8日,赖雅去世,张爱玲刚过完四十七岁生日不久。

时光能否如沙漠上的风,在清晨抹平前夜留下的杂沓脚印?我觉得不能,很多年之后,张爱玲表面上的平静并不能说明那一切没有在她心中留下痕迹，那痕迹不是怨恨，而是恐惧。

和至爱之人在一起，尚且有各种磨难，那么，人与人交往产生烦恼是注定的了，何必呢。

她越发懒与人交，接电话也视心情而定，即使是好友，或者她有求于对方，她也习惯书信来往。

她能拒绝人，却不能拒绝虱子。张爱玲的晚年，老觉得住处有虱子，她不停地搬家，张爱玲遗嘱执行人林式同说，从1984年8月到1988年3月这三年半时间内，她平均每个星期搬家一次。

这个数字也许有些夸张，但张爱玲在给夏志清的信里也写道："我这几年是上午忙着搬家，下午忙着看病，晚上回来常常误了公车。"她还考虑过搬到沙漠里去，也许那里可以躲避虱子。

在《对照记》里，她提到屡次搬家让她丢掉了很多珍贵资料，她自己也说，三搬当一烧。但每到一处仍迅速发现有虱子出没，甚至才洗过头，都觉得头发里有虱子蠕动。

从少年时起，张爱玲就对虱子跳蚤这类东西印象深刻，《天才梦》里她写道："在没有人与人交接的场合，我充满了生命的欢悦。可是我一天不能克服这种咬啮性的小烦恼，生命是一袭华美的袍，爬满了蚤子。"

虱子跳蚤这类小生物，杀伤力有限，被咬上一口也不太疼，只是痒。它象征着人与人之间鄙俗琐碎的纠葛，说不出口的细碎烦忧。

1961年的台湾之旅，给她留下深刻印象的除了宝岛风光，还有臭虫。她把这个发现写进文章中，引起王祯和的抗议，张爱玲只好开玩笑说，臭虫可能也是撤退过来的。

问题是，臭虫和台湾卫生状况无关，而是根据张爱玲晚年对于虱子的疯狂逃避，无法不怀疑，那些臭虫和虱子一样，是张爱玲对于人际关系的过度恐惧生出的幻象。

在台湾张爱玲大受粉丝欢迎，还有王祯和陪着她到处游览，她心情看上去很不错，王祯和对她的印象是"青春时尚"。然而，数年后她见到水晶，表示"台湾作家聚会太多，是不好的。作家还是分散一点的好，避免彼此受到妨害"。

大地出版社有位女编辑跟张爱玲约稿，表示如果她再来台湾，一定会隆重招待她。张爱玲虽然没有重游台湾的意思，但看到这句话，立即在心里把她拉黑了。

虽然张爱玲在香港过得也不怎么愉快，但主要是工作上的问题，没有人际烦忧，她在香港一度住在宋淇家中，后来她跟宋淇抱怨被蚂蚁吓得落荒而逃时，宋淇说自己家里就时有蚂蚁行走，张爱玲当时好像也没太当回事。似乎她的"恐虫症"常常是被人际关系激发的。

张爱玲曾说，小时候读《红楼梦》，看到的是一点热闹，现在再看，看到的是人与人之间的烦恼。没错，《红楼梦》里的烦恼太多了，王夫人的、邢夫人的、凤姐的，连贾宝玉和林黛玉在一起，也都是重重叠叠的烦恼。

但与张爱玲不同，曹雪芹回望这些烦恼，并不当成华袍上的虱子，而是当成生命河流上的美丽的波纹，过往不可追，但可以记下，他的栩栩如生的描摹里没有嫌恶，多是柔情。

张爱玲和曹雪芹之间的差距，是林黛玉和刘姥姥之间的差距。林黛玉的世界，是唯美、精细、揉不得沙子的，一句话，就能起一场大风波。突然冒出一个打秋风的刘姥姥，认低伏小地弓着腰，皱纹纵横的脸上是卑微的笑，明知被人整蛊仍能脸不变色心不跳地配合到底，只为一点点残羹冷炙——你们拔根寒毛比我们大腿还粗呢！粗鄙得连凤姐都听不下去。林黛玉鄙夷地称之为"母蝗虫"，可是，这就是现实"浊世"，没有一个幽篁深处的"潇湘馆"

给刘姥姥们隐身。躲不开的尘土，避不开的风雨，活着，就得将无用的高自尊当盲肠割弃，小痛小痒随它去吧，它还能给你带来困扰吗？

菩提本无树，明镜亦非台。本来无一物，何处惹尘埃。

张爱玲东躲西藏，坚壁清野，导致的后果是，越发感觉虱子的存在，连医生都对她的"虱子说"将信将疑。王德威就说，张爱玲躲虱子，可能是一种行为艺术。

不过，话又说回来，要是张爱玲像刘姥姥一样皮实，只顾着和光同尘，她又如何能窥见人世的可笑可悯？要是张爱玲早早悟了，大概也就无话可说，文学的存在，就是因为总有很多想不开的人。

同样，也很难说张爱玲和赖雅结婚对不对，虽然他给她添了很多麻烦，影响了她的写作，让她对人际关系的信心进一步坍塌，那是她的个性、她的命运让她在那个时间点上，做出的无可选择的选择。人生不是永恒轮回，不妨尊重一切的发生。

5 炎樱：

有一种友谊，只能共青春

像张爱玲和炎樱这种友谊，是只可以共青春，不可以共沧桑的。

年轻的时候，元气沛然，忽略那百孔千疮，踮起脚尖，去够那像月亮一样的生命本身的喜悦，中年之后，沉重的肉身朝下拖，让你不能够多承担一点点。

张爱玲有篇《炎樱语录》，开头第一句是："我的朋友炎樱说：'每一个蝴蝶都是从前的一朵花的灵魂，回来寻找它自己。'"

这位炎樱通篇妙语如珠，她说："月亮叫喊着，叫出生命的喜悦；一颗小星是它的羞涩的回声。"第一次看人用"叫喊"形容月亮带来的欢喜，却也道尽了它的璀璨。

她也有调皮的时候，在报摊上翻画报，统统翻遍之后，一本也没买，报贩讽刺她说："谢谢你！"她毫不客气地回答："不用谢！"

她去犹太人的店里买东西，讨价还价，把钱包翻给老板看，说："你看，没有了，全在这儿了，还多下二十块钱，我们还要吃茶去呢。专为吃茶来的，原没有想到要买东西，后来看见你们这儿的货色实在好……"张爱玲写道，"店老板为炎樱的孩子气所感动 —— 也许他有过这样的一个棕黄色皮肤的初恋，或是早夭的妹妹。他凄惨地微笑，让步了。'就这样吧。不然是不行的，但是为了吃茶的缘故……'他告诉她附近哪一家茶室的蛋糕最好。"

几句话，描绘出一个慧黠、灵动、神采飞扬的女孩。张爱玲还曾给她起名獏梦，即吃梦的小兽。

炎樱姓摩希甸，父亲是阿拉伯裔锡兰人（今斯里兰卡），在上海开摩希甸珠宝店，《色·戒》里描述的那个珠宝店，就是炎樱父亲的家业。她母亲是天津人，所以她有一半中国血统，她在香港大学与张爱玲同窗，在张爱玲的早年生活里，炎樱是非常重要的一个人。

张爱玲的散文《气短情长及其他》里有她：

> 有一位小姐说："我是这样的脾气。我喜欢孤独的。"獏梦低声加了一句："孤独地同一个男人在一起。"
>
> 獏梦说："许多女人用方格子绒毯改制大衣，毯子质地厚重，又做得宽大，方肩膀，直线条，整个地就像一张床——简直是请人躺在上面！"

是刻薄了点儿，但刻薄得机智又幽默。而在《双声》里，她和张爱玲从俄罗斯与日本的民族文化，谈到死去时要穿什么样的礼服，两人灵感频发，俨然是无须多言却又言之不尽的灵魂伴侣。

张爱玲的《传奇》再版时，炎樱给她画封面："像古绸缎上盘了深色云头，又像黑压压涌起了一个潮头，轻轻落下许多嘈切喊嚓的浪花。细看却是小的玉连环，有的三三两两勾搭住了，解不开；有的单独像月亮，自归自圆了；有的两个在一起，只淡淡地挨着一点，却已经事过境迁——用来代表书中人相互间的关系，也没有什么不可以。""炎樱只打了草稿。为那强有力的美丽的图案所震慑，我心甘情愿地像描红一样地一笔一笔临摹了一遍。"

"震慑"和"心甘情愿"，都是用得很重的词。

虽然她也写到两人吃蛋糕时各自付账，为乘三轮车的费用争执不已，但那种薄嗔更像闺密之间"晒友情"，唇枪舌剑间透着没拿对方当外人的亲昵。

正因如此，张爱玲在《小团圆》里关于炎樱的文字是最让我有违和感的那一部分。那是一本"狠辣"之书，张爱玲一路写下去，见佛灭佛，见魔灭魔，从父母到姑姑、弟弟，连她自己，一个都不放过。但别的人的阴暗面，在以前的文章里尚有伏笔，唯独炎樱，她在小说里称为"比比"的这个女孩，看上去突兀而陌生。

港战时差点儿被炸死，劫后余生的盛九莉想："告诉谁？难道还是韩妈？楚娣向来淡淡的，也不会当桩事。蕊秋她根本没想起。比比反正永远是快乐的，她死了也是一样。"

对于好友的死也不放在心上，比比似乎快乐到没心没肺的地步。但她同时又是高姿态的，姑姑对盛九莉说，比比成天叫你穿奇装异服，她自己的衣服并不怪。盛九莉知道这是因为比比个子不高，又一直有发胖的趋势，不适合做太时髦的装扮，但比比才不会说这样自我贬损的话，只是说盛九莉"苍白退缩，需要引人注意"。像是好友之间的打趣，但说的人有几分是真心，听的人也明白她有几分是真心，反正盛九莉是存在了心里。

比比在盛九莉面前有高姿态的理由，她漂亮活泼，追求者甚众。她对追求者很有一套，对于严肃的，她会挑逗，对于热络的，她会特意庄重，像是《围城》里苏文纨刻薄唐晓芙，握着一把男朋友在手里玩。

她从不夸别人漂亮，说起别的女孩她总是做倒了胃口状。她自己个子矮、腿短，让个高腿长的盛九莉碰到她的腿时很不适应，但她对盛九莉青里泛紫的长腿也很反感，觉得像"死人肉"。

这个叫比比的女孩，精明、现实，善于货比三家，奉行失节事小吃亏事大。有时还有一丝丝粗鄙，比如蘸了唾沫去搓土布，看它会不会掉色。

在《小团圆》中，炎樱从快乐的吃梦的小兽，还原成有心机的小姑娘，像我们自己也会遇到的那种总有办法让你不开心的邻家女孩。张爱玲和炎樱的各种芥蒂因此无遮拦地铺展开来，写《小团圆》时，张爱玲和炎樱已疏于联系。

1952年，张爱玲离开内地来到香港，旋即前往日本与炎樱会合，以为是赴美捷径，三个月后无功而返。但炎樱在日本显然过得不错，张爱玲曾对她后来的知己邝文美说:"无论谁把金钱看得重,或者被金钱冲昏了头 —— 即使不是自己的钱,只要经过自己的手就觉得很得意,如炎樱在日本来信说'凭着自己的蹩脚日文而做过几 billions(数以十亿)的生意' —— 我都能明了。假如我处在她的位置,我也会同她一式一样 —— 所以看见一两个把金钱看得不太重的人,我总觉得诧异,而且非常佩服。"

她口口声声能理解炎樱的得意,说自己也是这样,但言下之意,就是炎樱的做派很不让人佩服。

这也可以看出两人主场的变换。早年在国内,炎樱仰仗张爱玲得以结识各路名人,在给朋友的信里,炎樱描述张爱玲的风光,说:"你真不知道现在同爱玲一块出去有多讨厌……一群小女学生跟在后面唱着'张爱玲!张爱玲!'大一点的女孩子回过头来上下打量。"连外国人都上前求签名。炎樱因此也有了作家梦,并且当真试作了几篇小文,张爱玲热心地帮她翻译成中文。

但随着张爱玲远离故土,一时不为人所知,生活能力又差,昔日风光日渐式微。无论在日本,还是在美国,活泼的炎樱都比她生活得更得意。炎樱一到日本就有船主求婚,在纽约,也是倚仗她的人际关系,张爱玲才得以进入救世军办的贫民救济所。

境遇的转换,使得炎樱原本就有的高姿态更加凸显,张爱玲对她原本就有的不满也随之水涨船高。我们不能说,张爱玲那篇《同学少年都不贱》写的就是她们的故事,但可以想见,同学飞黄腾达后的冷落,张爱玲一定深刻地感受过。何况这时,张爱玲已有了更好的闺密邝文美。

邝文美是作家、评论家宋淇的夫人,曾就职于设在香港的美国新闻处。张爱玲赴美之前也在该处任翻译。邝文美不像炎樱那样光芒四射,张爱玲认为这是她犯不着以才气逼人。

她对张爱玲也有远比炎樱更多的爱,在她的耐心聆听面前,张爱玲逸兴逦飞滔滔不绝。

1955年，张爱玲离港赴美，她在美国给邝文美写的第一封信，提及宋淇夫妇转身离去时说，她心里轰然一声好像天塌下来一样，喉咙被堵住，眼泪流个不停。之前张爱玲也曾为炎樱落过泪，但那是因为她和炎樱约定一道回上海，炎樱却撇下她先走了。

张爱玲在这封信里还说："我绝对没有那样的妄想，以为还会结交到像你这样的朋友，无论走到天涯海角也再没有这样的人。"她说得不错，就算是老朋友炎樱跟邝文美也没法儿比。

刚到美国的张爱玲大概很受了些炎樱的冷遇，两个月后，她给邝文美的信里又写道："Fatima（炎樱英文名）并没有变，我以前对她也没有illusions（幻想），现在大家也仍旧有基本上的了解，不过现在大家各忙各的，都淡淡的，不大想多谈话。我对朋友向来期望不大，所以始终觉得，像她这样的朋友也总算了不得了。不过有了你这样的朋友之后，也的确是 spoil me for other friends（宠坏了我，令我对其他朋友都看不上眼）。"

在张爱玲的笔下，炎樱成为她的闺密，是她"对朋友期望不大"的结果，她还曾跟邝文美说："'宗教'有时是扇方便之门。如炎樱——她固信教，不说谎，可是总有别的办法兜圈子做她要做的事。我觉得这种'上帝'未免太笨，还不容易骗？"

即使这话不算讽刺，也未免看得太透，通常看透又说透，尤其是跟第三者说透时，那友谊已所剩无几。张爱玲还有一段话，是解释邝文美和好友的感情落差，却也像是她和炎樱友谊稀落的注脚："如果老朋友再会晤的时候忽然不投机起来，那是以前未分开的时候已经有了某些使人觉得不安的缺点，已经有了分歧。"

的确是这样，她在香港、在上海时，对于炎樱的傲慢和凉薄，都已有芥蒂。但那时她还很年轻，对于外界，有一种年轻人的兴致与好奇心。炎樱的聪慧善悟、神采飞扬，尚且能够吸引她，即使有时暗自生一肚子气，年轻的时候，也有足够的气力抵挡与忽略这些，去看见对方的好，汲取那些有益的能量。

到了张爱玲的纽约时期，她已经阅尽千帆，人生失意，理想还在遥远处闪着光，她的灵魂和身体都很疲惫。时间不够用，精力也不够用，她须得删繁就简，在有了更好更爱她的女友之后，炎樱，就成了她大刀阔斧删去的那一部分。

表面上看，她和炎樱分开，是因为她结了婚，赖雅将她带离炎樱居住的纽约。事实上，这只是一个契机，让她终于能够与这位日渐发达也益加陌生的旧友分道扬镳。

1960年，张爱玲给邝文美的信里写道："Fatima 上月结婚，自纽约寄请帖来，对象不知道是医生还是博士，我也没查问，大家都懒写信。"

事实上，应该是她更懒得写信，这固然是她中年之后深居简出，懒得与绝大多数人通信，但她对炎樱的冷漠，更来得心意如铁。据张爱玲文学遗产继承人，也是唯一看过张爱玲留下的全部资料的宋以朗介绍，炎樱曾经给张爱玲写了好几封信，张都未予回复。

炎樱在某封信的开头说："我不知道我做错了什么，使得你不再理我。"看到这句是不是挺伤感？无缘无故地就被少年时的好友甩了，甚至连解释反省的机会都没有。可是接下来，炎樱又开始夸耀她挣了多少多少钱，全然不顾张爱玲当时灰暗的心情。

不是所有人都能原谅朋友一生得意扬扬爱炫耀，张爱玲对这一点尤其反感。她曾写她小时候刚到上海时，给她天津的玩伴写信，描写她的新家，写了三张信纸，还配了插图。"没得到回信——那样的粗俗的夸耀，任是谁也要讨厌吧？"

炎樱的自我夸耀，即使不算粗俗，也是毫无同理心的。1992年，她给孀居多年的张爱玲写信："你有没有想过我是一个美丽的女生？我从来也不认为自己美丽，但 George（炎樱丈夫）说我这话是不诚实的——但这是真的，我年幼的时候没有人说我美丽，从来也没有——只有 George 说过，我想那是因为他爱我……"我想象张爱玲看到这封信时的反应，是啼笑皆非呢，还是在心里说，真是受够了？

其实炎樱的夸耀，只是一种积习，不完全是想占朋友上风。1995年年底，她对采访她的司马新说，她又要做新娘了，并且用中文夸奖自己"好厉害"。

司马新作为张迷，对她有爱屋及乌的欣赏，觉得她确实好厉害。便是我这局外人，也觉得这种自夸有她的一种可爱，但张爱玲心里已有成见铺垫，感觉可能是另外一回事。

世上的友谊和爱情一样，有许多种类，像张爱玲和炎樱这种友谊，是只可以共青春，不可以共沧桑的。

年轻的时候，元气沛然，忽略那百孔千疮，踮起脚尖，去够那像月亮一样的生命本身的喜悦，中年之后，沉重的肉身朝下拖，让你不能够多承担一点点。从这个角度来说，张爱玲与炎樱曾经的友谊也是可喜又可贵的，因为，那才是青春的友谊，带着少女气质的友谊，就像，我们都曾有过的那些友谊那样。

6　宋氏夫妇和张爱玲：

被淬火的友谊

这也是张爱玲处理各种方式的习惯路径，她认为华袍上爬满了蚤子，忙不迭地要将华袍丢弃，宁可孤寒地站在世间。但这一次，她实在太冷了，丢不掉，她忍耐地披挂在身，渐渐可能就会发现，那瘙痒只是皮肤过于敏感，袍子是暖的，她需要。

张爱玲去世后，财产全部留给宋淇夫妇，不算文学遗产，单是各种存款和理财就有近三十三万美元之多，在当时值二百七十多万港币，差不多可以在上海市中心买十套两居室。

多年来这个遗嘱总不大为人理解。张爱玲唯一的亲弟弟还在世，并且在六年前曾给她去信，希望得到一点帮助，张爱玲婉拒了他，说自己的钱只是够用而已。

张爱玲为什么会在亲人与好友之间如此取舍？我想可能是受她早年留学的母亲和姑姑的影响，注重个人选择多过血缘关系。至亲骨肉若是性情不投，在她眼里，也只是有血缘关系的陌生人。在《小团圆》里，她写弟弟只是为了在亲戚中刷存在感，就有意将她去母亲家暂住的事，讲成夜不归宿的"丑闻"，她当时惊怒到不敢直面。

她和宋淇夫妇则是多年好友，宋淇帮她联系编剧翻译出版等各种业务，甚至代她理财。他夫人邝文美，可谓张爱玲唯一的知己。张爱玲曾告诉邝文美，有了她那样的朋友后，她对其他朋友都看不上眼了。

但是，正如张爱玲所言，在这世上，没有哪一种感情不是千疮百孔的。张爱玲和宋氏夫妇的友谊，也曾走在破裂边缘，一番磨合之后，双方相知更深，调整了交往方式，犹如一种淬火，让友谊更长久也更深刻。

对于完美主义外加逃避型人格的张爱玲，这可能是个特别的经验，并不是所有感情破碎后都再不可收拾，不完美的事物，也可以价值无限。

1951年，张爱玲刚到香港不久，看到美国新闻处在征集翻译海明威《老人与海》的人员，迫于生计，她前去应征。当时宋淇正在美新处工作，赫然在名单上见到张爱玲三个字，赶紧约见——许多年前，他和很多在上海的知识分子一样，着迷于她的《金锁记》《倾城之恋》《沉香屑——第一炉香》等，"晤谈之下一见如故，终于成为莫逆之交"。

他夫人邝文美和张爱玲更投缘，张爱玲说一开始看她是个典型的贤妻良母，言下有看轻之意，相处久了才发现她"那些难得的质量"，不由感慨"看人真难"。

她俩聊起来总是没完，但张爱玲体谅邝文美有家庭，说："你常来，我心里总是不安，一个女人费太多时间在儿女身上（虽然本身是好的），尚且 undesirable from husband's standpoint？（丈夫尚且要抱怨）——何况朋友？"

所以"不论谈得多么起劲，到了七点多钟，爱玲一定催她回家，后来还索性赠'我的八点钟灰姑娘'的雅号"。(宋淇《私语张爱玲》)

1955年秋，张爱玲搭"克利夫兰总统号"邮轮离开香港去美国，唯有宋氏夫妇为她送行，船到日本，张爱玲给他们写了一封长信，说："别后我一路哭回房中，和上次离开香港的快乐刚巧相反，现在还是眼泪汪汪起来。"

之后他们书信不断，张爱玲的生活与工作上的大小事，都愿意跟他们夫妇聊。在这些信件里，可以看到张爱玲聪明、活泼、深刻和深情的各个侧面，正像张爱玲自己所言："一个知己就好像一面镜子，反映出我们天性里最优美的部分来。"

她一直渴望和邝文美重逢，想象再见面时一定会像南京俚语里形容的："乡下人进城，说得嘴儿疼。"这种期待在六年之后终于实现，久别重逢的结果竟是嫌隙渐生，最后同处一室都难以忍受。

其实在张爱玲决定回香港之前，已经埋下伏笔。

1961年8月，张爱玲打算去香港住一段时间。赖雅震惊且不快，他知道张爱玲去香港是为了做编剧挣生活费，但是这活儿在美国同样可以干。

张爱玲还有两个理由，一个是她打算写两个背景在东南亚的故事，需要体验生活，再有就是她想写一部以张学良为主人公的小说，想顺便去台湾采访张学良。

在赖雅眼中，后两个理由大概也没有那么紧迫。我怀疑张爱玲迫切回香港还有一个原因，她去美国前跟电懋公司借了一笔钱，宋淇是保人，隔了这么久，她要亲自现身，让宋淇知道，她欠了钱不会跑路。

且来看张爱玲去香港前写给邝文美的两封信。

一封写在1960年2月8日，张爱玲写信给邝文美：

> 收到你一月底的信，知道再耽搁下去会使你们误会我是不高兴写。其实我上封信里说的都是实话，欠公司的钱与欠私人的一样，怎么能赖。我后来再回想离港前情形，已经完全记得清清楚楚，预支全部剧本费。本来为了救急，谁知窘状会拖到五年之久。目前虽然不等钱用，钱多点总心松一点。如果能再多欠一年，那我对公司非常感激，因为我仍旧迷信明年运气会好些。这是根据十三年前算的命。

我没有查到邝文美1月底给张爱玲的信里写了什么，是不是传达出代公司向张爱玲催债的意思。张爱玲说"后来再回想起……已经完全记得清清楚楚"，是不是一度记忆模糊？而她托邝文美向公司致意，请求再宽限一年，想来也是艰于启齿。

一年之后这笔钱似乎并没还上，1961年2月21日，张爱玲写给宋淇夫妇，说："Stephen（宋淇）千万不要说什么'有事有人无事无人'，显得见外，因为我这朋友极少的人，在我这方面是不拿你们只当朋友看待的。虽然因为欠着由你们经手的一笔钱，有点觉得亏心，我总认为是暂时的事。"

宋淇抱怨"有事有人无事无人"，有点口不择言了。张爱玲跟人联系非常随性，也就是跟宋氏夫妇通信频繁一些，也是间歇性的，赶上没有情绪，会很久不回复。许多年后宋淇写文章抱怨她电话不接，写信她未必收得到，收到未必拆，拆了未必看，看了未必吸收……跟她说个事真是步履维艰。

处了几十年，老朋友啥德行已经一清二楚，到这时宋淇虽是抱怨，更多的是向读者解释。纵然张爱玲本人看到老朋友的无奈吐槽，大概也会自嘲而又不思悔改地一笑吧。但在1961年，他们交情没到这份上，宋淇又是个严肃的直男，这话有点过分了。

张爱玲的反应倒还好，一方面她确实从宋家得益甚多，另一方面，如她所言，她真心把宋氏夫妇当成至亲之人，认为彼此在对方心中可以有更高容错率。但就算这样，欠经由宋淇作保的那笔钱，还是让她感到不安。

张爱玲生平最怕的，就是欠人钱。

《小团圆》里写抗战结束后，邵之雍逃亡浙江，盛九莉千里寻夫，两人见了面并不愉快。除了胡兰成随处留情，盛九莉还有个压力是，她老觉得邵之雍在等她还钱。邵之雍得势时，曾经给过九莉一箱子钱，后来又给了她很多钱，对她说："经济上我保护你好吗？"明摆着是生活费。等到邵之雍落难，九莉总觉得他句句话都在暗示自己还钱。邵之雍讲同事"良心坏，写东西也会变坏的"，"九莉知道是说她一毛不拔"。

但她就憋着不说话，"吓不倒她"，她呈现出惊人的抗压性。从小城回去后，"她想起之雍寄人篱下，坐在主人家大圆桌面上。青菜吃到嘴里像湿抹布，脆的东西又像纸，咽不下去"。难过到这地步，她还是不提钱的事。

邵之雍的朋友郁先生在九莉面前抱怨，邵之雍把小康小姐接出来，真是养不起，九莉也觉得郁先生说这些，是想逼她拿钱。这不是风马牛不相及吗？就算要她拿钱，也犯不着绕这么大圈子。只能说她太怕欠债。就这么着她仍然咬紧牙关不"还"邵之雍钱，她更着急还给另外一个债主——她母亲。

她少女时代花了母亲不少钱，读书、看病，听上去都是当妈的义务，但她妈并不这么看。她妈人生计划里原本没有养育她这件事，她是突然投奔来的。就算到一起了，她们仍然是界限感极强的一对母女。母亲觉得女儿害自己破费，女儿则打定主意早晚要把母亲花的钱还上。她跟姑姑打听了，母亲给她花的钱，差不多值二两黄金，如今折起来不过几万块，但乱世金子畸贵，应该比今天购买力高得多。九莉把邵之雍给她的钱都攒着，换成"小黄鱼"。她还给母亲时，母亲哭了，抱怨归抱怨，并没有指望她还。这个行为，疑似恩断义绝。

邵之雍的钱，当然最后也是还了的。胡兰成的文章里也有，摇头摆尾地写成"美人赠金"。其实在张爱玲，不过是欠债还钱，真可惜《小团圆》里这段，他看不到。

宋淇担保的这笔钱，张爱玲拖欠了五六年了，现在宋氏夫妇随便说句什么，在她看来都相关。她回信晚了点，都怕他们担心她跑路。给他们看见自己真人，是不是会让他们放心点？

当张爱玲的债主，好处是她一定会还你钱，坏处是，她还没还你钱时，你的呼吸，都像是催债。

1961年10月，张爱玲先抵达台湾，申请拜访被蒋介石软禁多年的张学良本人，自然碰了壁。好在张爱玲并不打算写出一部严格意义上的历史小说，她更关注这个男人和两个女人的关系，想象力可以填充未知的那部分。

接下来的行程变得轻松，张爱玲会见粉丝，游历宝岛，这时她在台湾的文学圈子里已经有一批忠实拥趸，作家王祯和一直陪着她游览各处。当她和王祯和抵达台东火车站，火车站站长前来告知，麦卡锡先生打来电话，说她先生赖雅中风了。

张爱玲当时表现得很镇定，她给麦卡锡回电话，并和气地请身后等着打电话的人到另一个电话亭去。挂上电话，张爱玲赶回台北，麦卡锡这才告诉她，赖雅一个人昏迷在医院里，情况应该很严重。

张爱玲没有立即回美国，司马新的《张爱玲和赖雅》里说是张爱玲没有钱买返程机票，张爱玲在1987年写给宋淇的信里驳斥了这一观点，说她告诉麦卡锡夫人，赖雅那里有足够的钱住院，又有他女儿在那里，"她又能干，我可以不必赶去，还是按照原计划到香港去"。

但没钱也是真的，她可能本来打算坐船来香港，订了船票，她要等船票退款拿到才有钱买返程机票。

宋淇已经接洽了新工作在香港等着她，把《红楼梦》改成上下两集的电影剧本。张爱玲很快把剧本写了出来，过审却是前所未有的不顺利。

1962年1月18日，张爱玲给赖雅的信里写道："宋淇说他太熟悉《红楼梦》原著，无法审核剧本，必须请从来没读过《红楼梦》的老板们过目，然后再要我修订。"事实是他跟张爱玲太熟，不得不回避，让他的上司来把关。虽是这样，看张爱玲向赖雅的转述，直观感受就是这人太公事公办了吧，先肯定一下不行吗？

可能宋淇觉得说这些都没用，他对于张爱玲的帮助是实际的，为了不让张爱玲干等着，他帮她接了新业务，写另一个剧本。张爱玲倒是挺愿意，可以多赚八百美元，解决她和赖雅四个月的生活费。

她日夜赶工，以致眼睛充血，十多天就写完了剧本大纲，交给宋淇。但是当时因为要修订完毕才能拿到报酬，张爱玲依然没有拿到一分钱报酬。

1月31日张爱玲写信给赖雅说："几个月来，我工作卖力得像狗，没有支酬的迹象。"

她甚至都不确定有没有钱买机票回美国，宋淇倒是声称如果船票退款耽误了，他们会补差额。但代价可能是还要在香港滞留，给足他们修改的时间。张爱玲只能是认了，说："如果他们还是不满意，我将安排在那里完工——他们总是能够扣发付款。"

到这里，张爱玲对电懋公司迟迟不给钱的不满已经溢于言表，宋淇夹在中间，也实在难办。他是个好人，搞不来长袖善舞那一套，在复杂处境中，很容易显得可恶。

张爱玲又想到那笔贷款上去，2月10日，张爱玲给赖雅的信里，说："宋家贷款是痛苦的安排，破坏了他们与我多年的交情。"

她越发归心似箭，提前完成剧本，订了3月2日的机票，这似乎加深了她和宋淇的裂痕："宋家认为我赶工粗糙，欺骗他们，每天都有生气的反应。宋淇说我行前会领到新剧本的稿酬，意味着他们不会支付《红楼梦》上下集的稿酬，当我说返美之后会修订两稿，他未予置评。"

张爱玲知道他们是因为担心邵氏电影公司抢先开拍《红楼梦》而犹豫不决，耽误了整个工作的推进。张爱玲怪罪到宋淇头上，说他是"标准中国人，完全避开这个话题，反倒要我另写个古装电影剧本"。

看宋淇这个表现，是没法愉快地做朋友了。但是这个描述，是不是有很多主观色彩呢？宋淇脸色不好看到底是怪责她，还是觉得为难？张爱玲很容易感觉到来自他人的压力，夸张一点说，多少有那么一点"受迫害妄想症"的。

但电懋公司没有给钱是个事实，所有开支都得张爱玲先行垫付，她近乎崩溃地说："三个月的劳役，就此泡汤。我还欠他们几百元生活与医药费用，还没与他们结算，原计划用《红楼梦》剧本稿酬支付。"

她无法入眠，眼睛再度出血。"元宵节前夕，红红满月，我走到屋顶思索。他们不再是我的朋友了，但是我将在这笔坏的买卖里捞回几百元，停留两周，商议某种妥协，按原定计划于十六日离开。"

张爱玲做出决定，在心里跟宋家人划清界限，只当他们是合作伙伴。要命的是，张爱玲原本准备在3月2日回美国，已经退了旅社，现在要待到3月16日。这十多天她只能住在宋淇家，当然她原本可以再找个旅社，但张爱玲跟赖雅说："他们不相信我的剧本，我不相信他们付费，拒绝多花钱住旅馆。一团糟，却为此生最不愉快五个月的适当结局。"

不知道张爱玲在宋家如何与宋氏夫妇共处，从宋淇之子宋以朗的回忆看，应该是互相躲着："我需要让出睡房给她住，我住客厅喂蚊子。她给我的印象很简单，一个高高瘦瘦的女了，深度近视却不戴眼镜，看东西需要俯前，喜欢吃隔夜面包。另外整天躲在房间写作，偶尔出来一起吃饭，与小孩无甚交流。"连人家小孩都不愿敷衍，这是真的不想好了。想起当年那个"八点钟灰姑娘"的雅号，是否更有无常之感？

张爱玲于1962年3月16日终于得以离开香港，宋淇编辑的《张爱玲私语录》里，张爱玲回到美国后的第一封信是1963年1月24日写的，之前应该还有通信，可能宋淇觉得意思不大未收入。

这封相对有意思的信写得十分客气，张爱玲让邝文美不要为不常写信抱歉，她知道宋淇工作太紧张，检讨自己工作拖拉。她还像是捎带一句地问："电懋公司不知对《真假姑母》有兴趣没有？"

《真假姑母》是英国舞台剧，张爱玲将它改成了《南北一家亲》，后来由电懋公司拍摄，1964年9月上映。

她和宋家的关系有疏远，但也算是弥合了一些。可能是张爱玲回到美国之后，冷静思考，知道宋淇的难处，1966年，张爱玲委托夏志清和平鑫涛帮她处理电影版权的事，说道："这件事不能找宋淇，他为了从前我写剧本的事夹在中间受委屈。"不知道她是什么时候想明白这点的。

再就是纵然张爱玲对宋淇依旧心怀怨气，但除了宋淇，她还能依赖谁呢？她的书稿总是被退稿。十几年前，有人给她算过卦，说她到1963年会转运（从她1960年给邝文美的信里看，也说她1961年会好，虽然并没有），眼下的日子还得过。

但就在张爱玲写这封信之前不久，1962年12月12日，宋淇给电懋公司创办人陆运涛递交了辞职信，他想辞职有两个原因：一是与家人相聚的时间少了；"另一个原因是他觉得这份工作渐渐地出现很多事务，都不是他所熟悉的，或他想做的（譬如管理财务，经常去机场、参加派对、召开长会议），有时候总公司不汇钱过来，他就没办法给下面的人发薪水，好像在做坏人一样，他觉得压力很大。"（宋淇之子宋以朗的回忆）就是没财权呗，这不也是张爱玲对宋淇怨气的由来吗？宋淇自有苦衷。

宋淇离开电懋之后，张爱玲早年同学翁美丽找到她，她丈夫周海龙也在电懋，叫太太找张爱玲写剧本。张爱玲没有理由不答应。宋淇生了气，我猜宋淇离开电懋时多少不太开心，张爱玲继续和电懋合作，他就有点被背叛的感觉。

1964年6月，陆运涛夫妇率领周海龙、翁美丽夫妇及电懋明星团飞往台北参加亚太影展，去台中雾峰乡参观珍稀文物的归途中，飞机坠毁，52名乘客加上5名机组人员全部遇难。后来陆运涛的胞妹夫朱国良接过了电懋公司，电懋公司就此没落。张爱玲失去重要的经济来源，不得不迁居房租更低的区域。

1965年，宋淇进入电懋的老对手邵氏公司，张爱玲并没有和邵氏有更多合作。宋以朗说是因为:"邵氏更为工厂式,采用流水线拍摄法,一部电影可能分三个 studio 去拍,ABC 组,轮流来,每周都有一组必须拍完。时下流行什么类型的戏,就不停拍——古装剧、黄梅调、武侠片……一直拍到观众看厌为止。你想,三个礼拜电影就要拍完,还不够张爱玲的剧本走个航空来回的,依她那个精益求精反复修改的作风,岂不是要了卿命?"

另外,如前所言,张爱玲和宋淇可能都有点心有余悸。

但宋淇对张爱玲的情意和照应都还在,他用其他方式帮她。也是在1965年,宋淇与台湾皇冠出版社老板平鑫涛相识,平鑫涛说他们一见如故,宋淇向他推荐了张爱玲。平鑫涛恰好是《万象》月刊创办者平襟亚的堂侄,当年就曾读过张爱玲不少作品,虽然张爱玲和平襟亚因稿费闹得不愉快,对于平鑫涛而言,都是时过境迁,他凭着小粉丝的热心和出版人的敏感,托宋淇向张爱玲约稿。

从1966年开始,皇冠和张爱玲建立了稳定的合作。张爱玲在1983年写给夏志清的信里说:"这些年来皇冠每半年版税总有二千美元,有时候加倍,是我唯一的固定收入。"

七十年代中期,平鑫涛得知张爱玲正在创作小说《小团圆》,立即支付预付款一万美金,虽然后来张爱玲在宋淇的劝说下,暂不出版《小团圆》,退还了这笔钱,也可以窥见皇冠对张爱玲的诚意。

宋淇劝阻张爱玲出版《小团圆》,是由兄长般的关心引发的顾虑。原本对这部小说充满期待的他,读完之后,给张爱玲写了封长信,建议不要出版。

首先,有损张爱玲的偶像光环:"你是个目标,说得不好听点,简直成了众矢之的。台湾地小人多,作家们的妒嫉,拿不到你书的出版商,加上唐文标之类的人,大家都拿了显微镜在等你的新作面世,以便在鸡蛋里找骨头,恨不得你出了什么大纰漏,可以打得你抬不起头来。"

写得也不太好:"第一、二章太乱，有点像点名簿，而且插写太平洋战争，初期作品中已见过，如果在报纸上连载，可能吸引不住读者'追'下去读。"

第三:"正好给胡兰成以机会:《小团圆》一出，等于肥猪送上门，还不借此良机大出风头，写其自成一格的怪文？ 不停的说: 九莉就是爱玲，某些地方是真情实事，某些地方改头换面，其他地方与我的记忆稍有出入等等，洋洋得意之情想都想得出来。一个将近淹死的人，在水里抓得着什么就是什么，结果连累你也拖下水去，真是何苦来？"

宋淇还是那个风格，直来直去，但句句都是为你好的苦心，不计其余。张爱玲被说服，放弃出版《小团圆》。1983年1月13日，她写信跟夏志清说:"宋淇写那封信的原委不能告诉任何人，不然万一给皇冠方面知道了，不但不肯出力，而且伤感情，破坏了人家多年的友谊，我实在太对不起宋淇。"

2月4日，不放心的她，再次叮嘱夏志清。生怕连累了宋淇。

经历了1961年底到1962年初的那番波澜，张爱玲与宋氏夫妇反而有了更多相知，宋淇在《皇冠》上开专栏写张爱玲，看似轻松，实则处处着"小心机":"处处在为你宣传而要不露痕迹，傅雷、胡适、Marquand（马昆德）、李丽华、夏氏昆仲、陈世骧都用来推高你的身份，其余刊物、机构都是同一目的，好像我们在讲一个第三者，非常客观似的。"

哈哈，这真是好朋友之间的实在话。

1985年，因张爱玲总不回信，宋淇不放心，托水晶打听张爱玲的情况，为了说明情况，复印了张爱玲的信函给他。不承想水晶反手就写了一篇《张爱玲病了》发表在《中国时报》上，对张爱玲的隐私极度爱护的宋氏夫妇看到大为震惊不安。

邝文美赶紧给张爱玲写了一封信，说: Stephen（宋淇）和我都难过到极点。他自知闯了祸，懊丧得无法形容，这两天寝食不安，濒临精神崩溃的边缘。我一面怨他"聪明一世、糊涂一时",犯了大错,一面担心你不知失望而气愤到什么地步。怎对得起你?!这些年来,你一直把我们视为知心好友,就因为我们从未辜负你的信托。如今阴差阳错的,无意中弄出了这种事故,真是不幸!我想起来就气得索索抖。你尽管写信来责骂他(他自知该骂,甚至该打),但千万别因此不再理睬我们。你是我俩共同的知己,我们异常珍视这份真挚悠久的友情,这一点你自然明白。Stephen 只是凡人,难免有愚昧的时刻,现在我虔诚地代他求情,请你予以曲有,你不会拒绝吧?

第二天,9月28日宋淇也写来一封长信,详细讲述他是因为关心张爱玲,才有这不智之举,说:"当然以后我再也不同他来往,他既然如此不尊重别人,我又何苦作贱自己?我所能做的只是暂时默不作声,免得越描越黑。现在写这封信向你解释,即使求不到你的谅解,至少要你知道实情。"

接连收到两封如此恳挚的信,张爱玲也终于在10月29日做了回复,说:"那次 Stephen 病后来信说我差点见不到他了,我习惯地故作轻松,说我对生死看得较淡。虽然也是实话,那时候有一天在夕照街头走着,想到 Stephen 也说不定此刻已经不在人间了,非常震动悲哀。我说过每逢遇到才德风韵俱全的女人总立刻拿她跟 Mae(邝文美)比,之后,更感叹世界上只有一个 Mae。其实 Stephen 也一样独一无二,是古今少有的奇才兼完人与多方面的 Renaissance man(文艺复兴时代的博雅之士)。"

这短短一封信,未言水晶之事,概括成一句话就是:"你们放心。"人世无常,像你们这样的人再难觅,任何事和你们一比,就无足重轻了吧。

他们是张爱玲永远的知己,1991年,张爱玲给宋氏夫妇的信里写:"我永远有许多小难题与自以为惊险悬疑而其实客观地看来很乏味的事,刚发生就已经在脑子里告诉 Mae,只有她不介意听。别人即使愿意听我也不愿意说,因为不愿显得 silly(愚昧)或唠叨。"

他们也是张爱玲的经纪人和理财顾问，张爱玲告诉他们，有什么工作，他们直接接洽就好，不用问自己的意见。向来喜欢与人算得清爽的张爱玲，对宋淇夫妇是全权托付。

张爱玲去世后，她在美国银行有两万八千多美元（去掉处理遗产的各种开支后剩余一万美元），交给邝文美打理的存款多达三十二万美元，宋以朗接受采访时说："这里有一张纸条，1996年12月18日，是我妈妈的笔迹，上面写着张爱玲的英文名字 E.Chang，计算'绿簿子'（银行外币存款）剩余32万多美金。"

其实就连她在美国的存款，她也是写宋淇夫妇做受益人。

从宋淇的来信，以及与张爱玲的交往看，他是个书生气很足的人，说话直接，还有点急躁，这使得他无法圆滑迂回地处理复杂局面，和张爱玲的碰撞在所难免。但在漫长的时间的检阅中，套路终究不敌真诚，看尽人世，张爱玲还是会发现，宋氏夫妇从头到尾以赤诚之心待她，还是那句话，走遍天涯海角，再也遇不到这样的朋友。

感恩是一方面，另一方面也是张爱玲绝不欠债的个性使然。和宋淇的通信中，她一再提出，给宋淇佣金，但宋淇怎么可能跟她计较得那么分明。她生前实在算不清楚，干脆身后一股脑儿全送给他们了事。

1992年2月，张爱玲写给宋淇的信里，对遗产有更具体的安排，说如果还有钱剩下的话，一是用在作品上，例如请高手译，没出版的出版。另外就是给宋氏夫妇买点东西留念。即使有较多的钱剩下，也不想立基金会作纪念。

如宋以朗所言，翻译的费用可从版税里支付，张爱玲的作品，更是不可能自费出版。虽然张爱玲不赞成成立基金会，还是有了个香港大学张爱玲纪念奖学金，"每年颁予一位从内地或台湾来港，于香港大学修读文学科及人文学科之本科女学生，每年在读颁发5万港币"，另外"张爱玲五年研究计划""张爱玲国际学术研讨会"等皆从她的遗产里开支。

相对于这笔钱,更为难得的,是张爱玲与宋淇夫妇的情意。张爱玲小说里,美好的感情大多脆弱,为了逃避破碎,出现一丝裂痕便要急急撤退。比如《半生缘》里的顾曼桢和沈世钧,《多少恨》里的虞家茵和夏宗豫,《金锁记》里,当长安发现她的爱情有可能被母亲破坏,她也是在第一时间放弃——不多的一点回忆,将来是要装在水晶瓶里双手捧着看的。因为过于珍重,不敢与人世的坚硬磕碰。

这也是张爱玲处理各种方式的习惯路径,她认为华袍上爬满了蚤子,忙不迭地要将华袍丢弃,宁可孤寒地站在世间。但这一次,她实在太冷了,丢不掉,她忍耐地披挂在身,渐渐可能就会发现,那瘙痒只是皮肤过于敏感,袍子是暖的,她需要。

这成了张爱玲处理亲密关系的一个特例,却是普通人的日常选择。青女素娥俱耐冷,月中霜里斗婵娟。我们不是,我们常常就是有点痒有点痛地聚拢在一起,成就尘世的热闹,消解心中的冷和惧。

7 夏志清：

"我干杯你随意"的豪情

夏志清知道张爱玲是个天才，张爱玲也知道自己是个天才，在共同呵护张爱玲的天才这方面，他们目标一致。至于张爱玲做人怎样，对于夏志清和张爱玲都是无足轻重的问题，世上不乏做人很好的人，容得下一个没那么温厚的张爱玲。

1969年7月，张爱玲来到加州大学伯克利分校中国研究中心，研究"文革"语言。这当然不是她喜欢的工作，只是她需要钱，加大中国研究中心恰巧有这么一笔研究经费。主管人陈世骧教授与张爱玲认识数年，又有他的老同事、老朋友夏志清和庄信正推荐，张爱玲得以入职。

1969年8月26日，陈世骧写给夏志清的信里提到张爱玲，说她"到此月余，颇觉相得"。

我不知道夏志清什么感觉，我看了这八个字，事后诸葛地觉得，这两个人的不欢而散几乎是注定的了。

张爱玲曾在给夏志清的信里说："我向来得到人的帮助总是从文字上来的，单靠个性从来没有用。"

这话有点绝对，她的遗嘱执行人林式同开始帮助她时，对她就一无所知，只是被她神秘孤高干脆利索的性格吸引，愿意帮她做点什么。邝文美也说，了解张爱玲后，才知道"她是多么的风趣可爱，孤高冷傲韵味无穷"。不过，这两个人都是对他人有探索欲的人，没那么在意对方的回馈。

陈世骧说的却是"相得"，是互相投合，可以想象，双方纵然不曾谈笑风生，起码是有来有往，互动良好的。估计张爱玲勉力敷衍了，只怕后继乏力。一旦陈世骧期待落空，是否就会对她失去兴致？夏志清说："世骧专治中国古代文学和文学理论，张爱玲的作品未加细读。"

事情也的确是按照这个走向来的。一年多之后,她因为不称职被陈世骧解雇。

张爱玲事后写信给夏志清,口气如《孔雀东南飞》里的刘兰芝,"非为织作迟,君家妇难为"。她说陈世骧让她搜集"文革"中的新名词,不幸这两年没有出什么新名词,她只好写了篇文章,讲"报刊背景改变。所以顾忌特多,没有新名词",最后附了两页名词。

陈世骧说他看不懂,张爱玲建议他给 Johnson 看,"因为中心就这一个专家"。这句话让陈世骧大为不悦,说,我就是专家。俩人又有一些语言上的误会,最后不欢而散。

张爱玲就不明白了,为什么她怎么做都不对?那么她写得到底好不好呢?她的粉丝也是研究中心进行这项工作的前任庄信正说看了稿子,"我也愣了,因为确是类似笔记,长度也不够"。夏志清看了后,也对庄信正说:"她在加大写的论文,我也无法欣赏。"

不过,夏志清认为,出了这种问题,并非张爱玲能力不逮,而是两人沟通出了问题。他不认为陈世骧当真让张爱玲搜集新名词。张爱玲是个作家,让她仅仅搜集新名词太大材小用。只是之前庄信正做这项工作时曾经附了十二页的词语解释,非常的新颖有趣,陈世骧因此在最初强调了一下新名词,但也就么一说,张爱玲不必当成圣旨的。就算她当了真,后来发现弄不出来,也可以去找陈世骧沟通,看有无别的思路,但张爱玲竟没有。归根结底,是她和陈世骧走动得少了。

夏志清替张爱玲解释说:"爱玲偏偏是个最 shy(害羞),最不会和颜悦色去讨人欢喜的人,吃了很大的亏。"

张爱玲真的不会和颜悦色讨好人吗? 未必。

当年在上海,周瘦鹃发表了她的处女作,她特意请他到家里喝茶,虽然在《小团圆》里，她说是姑姑力主，但她拒绝得也不坚定；她到美国后主动结交胡适，除资深粉丝的热切之外，亦有期待提携之意。可惜那时胡适自己亦晚景萧索，心有余而力不足。王洞也说，她还请其他能帮助到她的人吃饭，也许是硬着头皮顶上去的，但也说明，她在有求于人的时候，是可以暂时对人热络的。

陈世骧当时算得上江湖大佬，张爱玲之前也曾因为申请基金邀请他写推荐信，送过他一部木版函装的《梦影缘》和一部线装《歇浦潮》。

按照庄信正的说法，一开始张爱玲和陈世骧有个"蜜月期"，两人不止一次畅谈文学，庄信正还在陈世骧家里见过张爱玲一两次。

但这硬撑出来的热情维持不了太久，敷衍陈世骧对于张爱玲是权宜之计，她只是希望打这座桥上通过，然后就可以做自己的事了。若是她花很多工夫去凑趣帮闲，她就无法再保持她天才的清明、敏锐、独立和……神经质。凉薄，是对她的天才的保护。她说过，一个好的作家，不可能是一个绅士或淑女的。

偏偏陈世骧人际需求超出一般人，夏志清说他"晚年似较寂寞，喜欢朋友、学生到他的'六松山庄'去坐坐，听他的高论"。一方面因为他是大佬，就像《红楼梦》里的贾母，位高权重，他说人家听，在人际关系里获得的都是愉悦体验；另一方面他膝下无子，也愿意家里多点人来谈谈讲讲。张爱玲的敷衍满足不了他。

庄信正说："从小就怕应酬的张爱玲当然视为畏途。有一次见面时告诉我不久前去陈府，陈先生指着在座的几个客人说大家就像个大家庭，她说她最怕大家庭。她大约也已经警觉陈家聚会太多。"

陈世骧眼中"相亲相爱一家人"，在张爱玲看来就很无聊。但她还是尽量去，按她自己的说法，就一两次没有去，陈世骧立即就有感觉了。

夏志清说了，陈世骧是个热心人，热心人却也最容易心冷。张爱玲当初送他礼物时，他一定当她很懂事，对她难免有所期待。现在，她谋到职位后，立即变得冷淡，让他很难不觉得这人有点差劲，懒得再与她多说。

平心而论，陈世骧的做法不能说有多大问题。张爱玲的稿子是不够合格，帮她是人情，不帮是本分，从他的角度去看张爱玲，是没有给予人情的必要。他不知道的是，张爱玲对他，已经算是最肯敷衍的，夏志清在张爱玲这里的待遇，跟他没法比。

按照江湖说法，夏志清对张爱玲有大恩。张爱玲有今天的文学地位，很大程度上与他于1961年出版的《中国现代小说史》有关。

在这部英文版的汉学著作中，他将这位当时尚未得到普遍认可的作家，排到鲁迅之前，甚至大胆断言：张爱玲是"今日中国最优秀最重要的作家"；《金锁记》是"中国从古以来最伟大的中篇小说"；《秧歌》在中国小说史上是"不朽之作"。

有人说，若是没有他，也许我们还要再晚很多年才能认识张爱玲。

后来他帮她找工作，帮她在皇冠出版公司之间牵线搭桥，甚至，把她的小说拿给并不熟悉的同事看，求推荐。张爱玲从未像对陈世骧那样，精心地送他什么，最多不过是让他在自己的报酬中扣一部分，给孩子买点东西，而夏志清无疑是不可能这样做的。

快人快语的王洞这样说："夏先生对张爱玲真是一句闲话都没有，他也不觉得张爱玲对他冷淡对他不感恩，这是我的感觉。其实工作大都是夏先生给她找的。她到Radcliff（雷德克里夫）是夏先生叫她去的；然后她到Berkeley（加州大学伯克莱分校）接庄信正的工作，也是夏先生介绍的……张爱玲什么都没给过夏先生，她要请Hanan（汉学家派屈克·韩南）帮忙，她会请Hanan吃饭，也会送Hanan礼物。"

这就有点差别对待了吧。

那年夏志清带女友跟张爱玲见面，请她吃饭却被她拒绝，全然不管夏志清会在女友面前失了面子。

有天张爱玲高兴给了他电话号码，他没敢打过去，等他想再跟她要她的新号码时，她表示不愿意再给他了，似乎防止他找上门来；后来张爱玲很少拆看他的信，看了也随手丢弃；她的小说在某刊物上发表，他帮她讨要稿费，还要那总编一道写信给她，寄希望于其中有一封能幸运地被她拆开。

他解释陈世骧为何不能理解张爱玲："作为一个主管人，他只看到她行为之怪癖，而未能欣赏她的文学天才和成就，去包涵她的失礼和失职。"换言之，他一直理解包涵张爱玲，是因为他欣赏她的文学天才和成就，哪怕她再无礼他也不会介意。

这就是陈世骧和夏志清的差别。陈世骧对张爱玲的了解，只是她一点薄名。能与这位"才女"相得，是快意之事，偏偏她不识抬举。

夏志清则不同，要说他这个人，其实有点讨厌的。舞蹈演员江青（原名江独青，1954年改名）回忆她1969年在纽约初见夏志清，他问她："哎——短短的时间你怎么这么红？这么有名啊？你是不是跟巴兰钦（纽约城市芭蕾舞团始创人）睡觉了？"江青简直瞠目结舌。完全不明白，看文章还挺正常的一个人，私下里咋这德行。

他编注《张爱玲给我的信件》，趁机塞带私货，骂前女友。说到自己出轨，却是振振有词，难怪有人写文章说他人品不行。

但是对张爱玲，他却始终有一种赤心，就像王洞所言，他拿张爱玲像莎士比亚一样崇拜。他不会希望莎士比亚给他回信，那么，张爱玲给不给他回信也没关系。他能够帮张爱玲做点什么，也会像给莎士比亚做点什么一样高兴。"我干杯，你随意"，这是一个粉丝必备的修养。

看张爱玲的一生，来往较多者，大多弄得恩怨交集，与夏志清，却是有恩无怨，大约是因为他们有着真正的相知。夏志清知道张爱玲是个天才，张爱玲也知道自己是个天才，在共同呵护张爱玲的天才这方面，他们目标一致。至于张爱玲做人怎样，对于夏志清和张爱玲都是无足轻重的问题，世上不乏做人很好的人，容得下一个没那么温厚的张爱玲。

8 亦舒：

是老本，也是包袱

自古美人如名将，不许人间见白头。这话说得残忍，似乎人家曾经美过，曾经英雄过，就负有维护大众感觉的义务，要么死掉，要么就得将自己囚禁于不得见人的所在。

水可载舟亦可覆舟，粉丝也是这样。唐朝有位诗人崔信明，有名句"枫落吴江冷"，余秋雨赞叹道："寥寥五个字，把萧杀晚秋的浸肤冷丽，写得无可匹敌，实在高妙得让人嫉恨。"但这样一位诗人，除了这个孤句之外，只有一首诗留下来，他其余的作品，据说都被某位粉丝扔江里去了。

《旧唐书》里说，这位崔信明，有天在江上遇见一位粉丝，粉丝说，我听说过您那句"枫落吴江冷"，不知道您还有什么作品？崔信明见有粉丝来致意，心中大快，就把自己百余首作品拿给他看。粉丝一一翻看完毕，冷笑一声"所见不如所闻"，啪地就把诗集给扔到江里去了。

且不急着谴责粉丝，只说这位崔先生，竟然都没掰扯两句，就那么走了。是他修养好，还是认清现实，知道多说无益？又或者是因为他本来气场就不够强大呢？人家一批评，他就心虚了，人家扔水里，他也觉得那是他那堆破烂最合适的归宿。

我严重怀疑是后一种，因为要不然的话，他还可以再写啊。估计是那回被粉丝伤透了心，就此金盆洗手了。

粉丝有时比"黑子"更可怕，当粉丝无限敬仰无比热情地对你挥动着荧光棒，但凡常人，都会视为命运派发的福利，轻飘飘地，不那么设防了。这种情况下，粉丝若想伤你，便如打入内部的特洛伊木马，会杀得你措手不及。

这不是作者的错，也不是粉丝的错，这是生活的错。生活的多样性，注定人与人只能在某个层面上相互理解，超出这个范畴，很容易化友为敌。就算不会把人家作品扔水里，总会闹得不大愉快，张爱玲与她的超级粉丝亦舒便是如此。

亦舒第一次出现在张爱玲的视野里，是在1976年，宋淇写给张爱玲的信中。宋淇写道："另附阿妹一文，大骂其胡兰成，此人即'亦舒'，宁波人，心中有话即说。"真是"有话即说"，亦舒的这篇文章，题目就很泼辣，叫作《胡兰成的下作》，文内更是为张爱玲打抱不平，说：

> 我十分孤陋寡闻，根本没听过胡兰成这名字，香港长大的人哪里知道这许多事，恐怕都觉得陌生，所以看过之后觉得这胡某人不上路。张爱玲出了名，马上就是他的老婆，书中满满的爱玲，肉麻下作不堪。这种感觉是读者的感觉，张爱玲或是潇洒的女性，与众不同，不介意有人拿她当宣传。
>
> 所谓丈夫，是照顾爱护抚养妻子的人，愿意牺牲为妻子家庭共过一辈子的人，自问做不到这些，最好少自称是人家的丈夫。胡某人与张爱玲在一起的时间前后只两三年，张爱玲今年已经五十六岁，胡某于三十年后心血来潮，忽然出一本这样的书，以张爱玲作标榜，不知道居心何在，读者只觉得上路的男人绝不会自称为"张爱玲的丈夫"。女人频频说"我是某某的太太"，已经够烦的，何况是这种男人，既然这门事是他一生中最光彩的事，埋在心底作个纪念又何不可。

她的这篇文章，是针对胡兰成的《今生今世》而言。《今生今世》一出，张爱玲不胜困扰，她给夏志清的信里说："胡兰成书中讲我的部分夹缠得奇怪，他也不至于老到这样……后来来过许多信，我要是回信势必'出恶声'。"

她没有回信，因为她不能出恶声，她不能出恶声，是因为她不想为胡兰成利用。她给宋淇夫妇的信里便提到过，她不想白白便宜了"无赖人"，骂他也是为他做宣传。

但那口气总咽不下去，现在，冒出一个快言快语的亦舒，那样泼辣地大骂胡兰成，宋淇自然连忙告诉张爱玲，张爱玲看了，别管是否全盘赞成亦舒，先喊了一声"真痛快"！

在这个时候，她们是同一阵营里的。按照常理，一个阵营里的人，应该同声相应同气相求，时刻保持同一口径，可是，这种情形只是发生在俗人堆里。张爱玲不俗，她的粉丝亦舒也不俗，"我爱偶像，我更爱真理"，亦舒没有这样说，却是这样做了。两年后，还是这个亦舒，同样快言快语地大批张爱玲的新作《相见欢》：

整篇小说约两万许字，都是中年妇女的对白，一点故事性都没有，小说总得有个骨干，不比散文，一开始琐碎到底，很难读完两万字，连我都说读不下去，怕只有宋淇宋老先生还是欣赏的。

我本人一向把张著当《圣经》，可是摩西忽然复活显灵，反而吓个半死，我看这些名著，完全是叶公好龙式的，不过是一种怀念的姿势，最好是能够永远怀念到底，只当读小型《红楼梦》。商业社会年轻一代为生活奔波得透不过气来，张爱玲的作品无疑可以点缀生活，如一对罕见的白底蓝花古瓶，可是现在原主人忽然又大量生产起来——该怎么办？如把它当古玩，明明已大大贬了值；当新货，它偏偏又过了时。

由此可知，复出是万万不可的，要不写它一辈子，认了命。我始终不明白张爱玲何以会再动笔，心中极不是滋味，也是上了年纪的人了，究竟是为什么？我只觉得这么一来，仿佛她以前那些美丽的故事也都给兑了白开水，已经失去味道，十分悲怆失措。世界原属于早上七八点钟的太阳，这是不变的定律。

不愧是拿张著当《圣经》的人，下笔如张氏一样狠毒，只是首先把宋淇捎带上大可不必，白白多得罪一个人；其次，张爱玲是不是如她所言，不可再复出，倒也未必。尽管，她文中的两个比喻，都是生动别致的。

自古美人如名将，不许人间见白头。这话说得残忍，似乎人家曾经美过，曾经英雄过，就负有维护大众感觉的义务，要么死掉，要么就得将自己囚禁于不得见人的所在。亦舒对一个作家做此要求更属无理，别管张爱玲还是不是她心中的张爱玲，人家自己总有发声的欲望。毕竟，人都是为自己活着，别人的观感，只是生活的一部分。

当然从另一个角度看，亦舒也是为了张爱玲好，她希望张爱玲不要破坏已然在读者心中形成的光辉形象。有这个想法，说明亦舒到底是不能了解张爱玲。形象云云，格局太小。毕加索说，重复自己，比抄袭别人更可耻。张爱玲也说，读者不希望作家改变风格，只想看一向喜欢的，他们以前喜欢的，大都期望可以再次读到，比如某某作家那样，但我学不到。

也许，亦舒和张爱玲的这场争论，体现了她们对于张爱玲不同的定位。亦舒本人只希望张爱玲将祖师奶奶的形象保持到底——她的"师太"的名头不也是从这里接过来的吗？

张爱玲心中却有着更为宏大的写作理想。虽然她在《我看苏青》一文中说，只有把苏青和自己放在一起是不反感的，却在给宋淇的信里说，虽然苏青的书卖得比她好，她却一点儿不忌妒，因为她知道苏青没她写得好。同理，她也不忌妒韩素音，虽然后者在美国比她红。即使在最落魄的日子里，张爱玲依然有一种自信，相信自己的文字可以不朽，而不仅仅局限于"最棒的言情作家"之列。爽文是爽文，巨作是巨作，巨作有时恰恰要跟读者的阅读期待对着干。

《相见欢》就是一部对着干的作品。正如亦舒所言，通篇对话，几乎没有情节，但情节其实正在对话中展开，在那些破碎的只言片语中，我们可以拼凑出两个老女人的前世今生，她们曾经的美与爱。而岁月带给我们的悲伤，并不是目睹沧海瞬间桑田的惊愕，更在于平淡时日里，看真实的美被日渐消磨。

这或许是张爱玲想传递的，有点儿像实验派的电影，又靠近张爱玲所喜欢的海明威的"冰山写作"理论。即使不算一部成熟、成功的作品，起码是张爱玲的一次试验。但像亦舒这样的读者，是容不得偶像试错的。她宁可偶像待在福尔马林中，做一个不老的完美僵尸。

张爱玲对此自然不以为然，她给宋淇的回信里为自己辩护，说："中国人的小说观，我觉得都坏在一百二十回《红楼梦》太普及，以至于经过五四迄今，中国人最理想的小说是传奇化（续书的）的情节加上有真实感（原著的）的细节，全国一致。"

而亦舒本人的作品，正是以传奇化的情节与真实感的细节取胜，她描述的细节，让都市女性感同身受，那些艰辛、挣扎、喟叹，都曾在自己心中辗转过千百遍，但到作品的结尾，总能给女主角安排一个传奇化的结局：或是有钱的爹娘来认亲，或是钓得金龟婿，最起码也像喜宝那样，寂寞优美地坐拥金山。亦舒坦言自己的偏好：

> 朋友喜欢《半生缘》而我不，整个故事气氛如此沉郁，到了完场，不幸的女主角始终没机会扬眉吐气，照样得腌臜地生活下去。
>
> 当然不及《倾城之恋》好看，女主角笑吟吟一句"你们以为我完了

吗，还早着呢"，令读者自心底笑出来，拍手称好，呵她终于修成正果，多么痛快！

我希望看到男主角练成神功，升为教主，女主角得偿所愿，傲视同侪，善有善报，恶有恶报。

为什么不呢，在现实不可能，故寄望于小说。

真实生活苦难重重，荆棘遍地，苦闷无聊之至，你爱看《骆驼祥子》？我不要看，我爱看华丽的俊男美女故事，赏心悦目。

亦舒与张爱玲，只能在《倾城之恋》里有交集，但即便是《倾城之恋》，也比亦舒笔下那些大头梦更为写实而残酷。之后她们便分道扬镳。

相对于亦舒的快言快语，张爱玲态度暧昧，她不满地说亦舒和水晶都恨不得她快点儿死掉，免得破坏形象，但同时又极其理性地说："这些人是我的一点老本，也是个包袱，只好背着。"

水晶又是怎么回事呢？和亦舒一样，是另外一个让张爱玲无语但是无法切割的粉丝。水晶明确表示不喜欢《白玫瑰与红玫瑰》的结尾，也是嫌王娇蕊混得不够好，读起来不痛快。张爱玲明知道他们是两路人，却也不打算拉黑他，因为他对她有用。

水晶比张爱玲小十五岁，张爱玲走红上海时，他正好住在法租界，十岁时就读过张爱玲的《留情》，"篇中写的纷纷下坠有如范仲淹笔下'飘香砌'的法国梧桐给我留下深刻印象"（《给张爱玲补妆自序》）。1961年张爱玲去台湾时，水晶原本有机会见她，阴差阳错间错过了。

1970年张爱玲在加州大学伯克莱分校工作时，水晶正好也在此地进修。他打听到她的住处，去按门铃，张爱玲在传话器里把他拒绝了。他不甘心，又打了很多电话，有次凌晨碰巧接通，张爱玲还是拒绝，理由是"感冒的时候,我一讲话就想吐,所以只好不讲话"。

但是到了第二年6月,张爱玲主动写信给水晶,约他周末见面。他们从晚上七点半开始,足足谈了七个小时。

张爱玲像张子静形容的,逸兴遄飞,谈《海上花》,她说:"像《红楼》有头没有尾,《海上花》中间烂掉一块,都算是缺点。"谈《红楼梦》,她说秋桐是个功能性的人物,水晶指出《半生缘》里的阿宝也像是功能性的人物,普通人不可能那么会演,张爱玲表示赞同,说当时需要这么个人物,没办法。她还建议水晶将这种意见写到书评里,因为"写批评如果净说好的,很容易引起别人的反感"。

她喜欢沈从文的作品,认为老舍最好的是短篇,至于鲁迅——"她觉得他很能暴露中国人性格中的阴暗面和劣根性,这一传统等到鲁迅一死,突告中断,很是可惜。因为后来的中国作家,在提高民族自信心的旗帜下,走的都是'文过饰非'的路子,只说好的,不说坏的,实在可惜。"

张爱玲也谈到自己的写作,谈到《红玫瑰与白玫瑰》《半生缘》《赤地之恋》中的人物。张爱玲说《传奇》里的人物和故事,差不多都"各有其本"……

她说她现在写东西,完全是还债——因为从前自己曾经许下心愿。"我这个人是非常 stubborn(顽强)的"她又补充一句,"像许多洋人心目中的上海,不知多么色彩缤纷,可是我写的上海,是黯淡破败的"。而且,她用手比画着:"就连这样的上海,今天也像古代的'大西洋城'(Atlantic),沉到海底去了。"水晶说,她说这话的时候,有一种玉石俱焚的感慨。

全程张爱玲喝了好几杯咖啡,可谓是倾心吐胆,无所不至,给水晶留下的印象是"活泼和笑语晏晏"。张爱玲不是说,她喜欢听人家说胜过自己说吗?还说如果总是自己说,过后想想总是后悔的,她为什么对这个初次见面的来访者敞开心扉,呈现出令人吃惊的另一面呢?

研究者都分析说跟她当时在陈世骧那里遇挫有关，陈世骧将她的稿子讲得一文不值。夏志清认为这是张爱玲在美国奋斗十几年遇到的最大挫折。虽然陈世骧当时已经去世，但也正因如此，她百口莫辩，她选择水晶做她的听众，可能就因为他是离她比较近，又是对她很热诚的一个人吧。

她还送水晶的女友一瓶八盎司的香奈儿N°5号香水。水晶难免受宠若惊，写了一篇《蝉——夜访张爱玲》。

那么水晶是不是张爱玲的知己呢？似乎并不。张爱玲后来给宋淇的信里称水晶是她"所有认识的最多疑的人"，又说"《联副》上水晶的《色·戒》书评看得我呲牙咧嘴，真是宁可没有。看了想提前写我那篇《色·戒》的，再一想不行，他会又再写一篇，像关于'药转'一样的没完了，末了一篇无聊得瞟都没瞟一下"。

烦水晶到这个地步，她还是没有和水晶切断关系，因为水晶虽然不靠谱，但靠谱的人，除非像宋淇这样的挚友，否则不大可能成天到处吆喝帮她保持热度的，张爱玲需要热度。

处处为张爱玲着想的宋淇，看在张爱玲的面子上，也肯敷衍水晶。1983年，宋淇给张爱玲的信里说："凭良心说，他对你除了崇拜之外，还非常关切，世界上难得有这样的人，可能他的好意令受者吃不消，但为了你，我觉得有敷衍他的需要。"

但宋淇还是低估了水晶的不靠谱程度，1985年3月，宋淇因为长时间联系不上纽约的张爱玲，以为水晶在纽约，就请水晶帮自己了解张爱玲的情况。水晶得到这"独家爆料"，如获至宝，立即写了一篇《张爱玲病了》，节选了宋淇和张爱玲的信件，发表在《中国时报》上，认为张爱玲得的主要是心病。

宋淇看到后震怒不安到极点，和妻子邝文美接连去信向张爱玲道歉，张爱玲回信倒是轻描淡写，但对于出卖她隐私的水晶，想来会默默多一层戒备之心吧。

戒备归戒备，她还是敷衍着，这里可以看出张爱玲世故圆滑的一面，然而并不让人反感。因为她的世故圆滑，不是要去挣得名利，而是想得到一个更好的写作环境，不得不做自己讨厌的事。她这简直是为人类文化的发展做牺牲呢。

被她拉黑的粉丝倒也有一位，就是台湾作家朱西宁。朱西宁对张爱玲的热情不下于水晶，在台湾文坛也算一号人物，又是平鑫涛的高参，张爱玲原本也乐于敷衍他。

哪承想，某日他忽然写来一封信，劝她和胡兰成和好，还引耶稣以五饼二鱼食饱五千人作喻，意思是谁让胡兰成的爱像耶稣那么多呢。

朱西宁的女儿朱天文后来在文章里笑她父亲多事，说后来张爱玲不再和朱西宁联系。然而她自己也曾于1982年托她在加州的女友送书给张爱玲，开始说要面交，张爱玲请她寄来。"前两天收到，六本内有三本是胡兰成化名写的，关于禅、中国小说史、礼乐。随手一翻，就看见许多引《红楼梦魇》与我别的书。我马上扔了，免得看了惹气。"

张爱玲这样一个容易被误解的作家，粉丝喜欢的，可能正是她所厌恶的。对于他们，张爱玲一向是区别对待，有的踢出自己的朋友圈，还有一些是包袱，也是"老本"。中间的界限在哪里呢？大概就是有没有和胡兰成掺搅在一起吧。

9 当傅雷遇上张爱玲:

火焰遇上海水

"生活自有它的花纹，我们只能描摹。"张爱玲如是说。"源于生活，高于生活"，这应该是傅雷的文学主张。张爱玲是一个窥视者，探身望一望，最多嘴角挂一抹冷嘲，一切留给读者去感受；傅雷则是亲自上场，给那些人排队，好坏分明，一一贴上标签。

1......... 张爱玲笔下的傅雷"情事"

写文章的人,很难赢得厚道的名声。他们成天不是忙着出卖自己,就是忙着出卖别人。

琼瑶的处女作《窗外》拍成电影后大火,她却纠结得几乎不敢进家门,她觉得她爸妈不会认同里面那对偏心又专横的父母就是自己;三毛倒是没怎么说自己爸妈的坏话,但是,如果她的旧同窗、前男友、公公婆婆读过她的书,只怕很多人都会觉得她欠自己一个解释;而凌叔华的后人和虹影打官司的新闻,只是无数文人被起诉案例中的一个比较典型的事件。

尽管如此,我得说,跟张爱玲比起来,他们全部是小巫见大巫。

张爱玲刚出道,就在一篇英文散文里,写了她被父亲家暴的事。当她开始写小说,她的那些亲戚,从远房的李氏族人到她舅舅、她弟弟都在劫难逃。她跟舅舅打听亲戚间的八卦,舅舅知无不言。张爱玲却在小说里把他形容为"酒精缸里泡着的孩尸",大爆他家老底,她舅舅暴跳如雷,几乎要跟她断绝关系。

不过,我觉得,她舅舅的这份暴怒大可不必,若他九泉之下能看到那部到二十一世纪才面世的《小团圆》,就会知道,这个外甥女写她自己,也是一样心狠手辣。

张爱玲将写作，视为自己的宿命，认定一个好作家不可能是个淑女或者绅士，不管她在亲戚群中怎样被孤立，她依然故我。

她只懊悔过一次，在将近四十年后。她在自己的一篇小说后面加了个后记，说"我为了写那么篇东西，破坏了两个人一辈子唯一的爱情……'是我错'，像那出流行的申曲剧名"。

她想起这小说，是因为在理发店里百无聊赖、突发感伤。为了回避那不愉快的懊恼感，她后来再也没有去过那家理发店。

那篇小说叫作《殷宝滟送花楼会》，直到2013年3月，张爱玲遗产继承人宋以朗才石破天惊地告诉我们，《殷宝滟送花楼会》的男主角，那个神经质的音乐教授的原型，是著名翻译家、评论家傅雷。

他说张爱玲在1982年12月4日写了一封信给他父亲，信上写道："《殷宝滟送花楼会》实在太坏，不收。是写傅雷的。"

有点儿颠覆感对不对？傅雷通过他悲壮崇高的译作《巨人三传》《约翰·克利斯朵夫》，通过他苦口婆心的《傅雷家书》，通过他和妻子朱梅馥在"文革"初始时自杀，成就了高风亮节的形象，在张爱玲的笔下，却变得这样疯狂而又可笑。张氏有言，她喜欢在传奇里发现普通人，她笔下的傅雷，也不过是个有缺陷的普通男人。

《殷宝滟送花楼会》说是小说，当散文看也可以，是第一人称写法，叙述者"我"就是一个名叫"爱玲"的作家。且说这日"我"闲居在家，突然有并不熟悉的校花同学抱花来访，坐下来就说她的爱情，她与一个音乐教授罗先生的恋爱始末。与其说她是来倾诉，不如说她是来炫耀，炫耀她有一份伟大爱情。

同《色·戒》里那位校花王佳芝一样，殷宝滟不满足于只是做个美女。王佳芝投身革命，殷宝滟则在偶然认识了罗先生之后，天天去他家跟着他学习她不得要领的音乐史。

这位罗先生，古怪、贫穷、神经质，但他在美国欧洲都读过书，法文、意大利文都有研究，对音乐史非常精通。他谁都看不起，对女人总是酸楚与怀疑。但殷宝滟是个美女，是个离他很近很热切地跟他学习音乐史的美女，他放弃了因为害怕被拒绝先摆出来的那种酸楚怀疑，爱上了她。

她一开始的态度是："我再没有男朋友也不会看上他吧？"可他那对全世界都白眼向青天的架势，使他的爱，变成了一枚勋章，获得者是很难不骄傲的——她渐渐也觉得受用了。

她收到他与众不同的情书："在思想上你是我最珍贵的女儿，我的女儿，我的王后，我坟墓上的紫罗兰，我的安慰，我童年回忆里的母亲。我对你的爱是乱伦的爱，是罪恶的，也是绝望的，而绝望是圣洁的。我的滟——允许我这样称呼你，即使仅仅在纸上……"

她过去收到的那些贫乏小男生的信怎能与之相比？

"没有爱及得上这样的爱"，而且她以为这爱是可控的，是"听话的"爱，以为他可以永远在安全距离之外爱着她，她只管毫发无伤地享受就是了。

他绝望，暴躁地在家中和妻子吵架，她被仆人请去劝架——他们两口子一吵架，女佣都是打电话找她来劝，"他就只听我的话！"

如是三年，他终于亲到她的嘴，之后又想别的，她感到恐慌以及被亵渎，原来她在他心中并不是高不可攀。但她还是贪恋他的爱，他们甚至谈到他去离婚。一时离不掉，他俩都很痛苦。

罗先生和他老婆吵架，老妈子都看不过眼了，说："我们先生也真是！太太有了三个月的肚子了——三个月了哩！"

殷宝滟震惊了，看来罗先生也并不只是一味地为不能和她在一起而痛苦。

但人是会自己骗自己的。离开了罗先生的殷宝滟，面对她的老同学，作家"爱玲",把这些一带而过,泪水汪汪地说她是怕伤害到他的妻儿,才牺牲了自己的爱情。"他有三个小孩,孩子是无辜的,我不能让他们牺牲了一生的幸福罢?"

> 太阳光里,珍珠兰的影子,细细的一枝一叶,小朵的花,映在她袖子的青灰上。可痛惜的美丽的日子使我发急起来。"可是宝滟,我自己就是离婚的人的小孩子,我可以告诉你,我小时候并不比别的小孩特别地不快乐。而且你即使样样都顾虑到小孩的快乐,他长大的时候或许也有许多别的缘故使他不快乐的。无论如何,现在你痛苦,他痛苦,这倒是真的。"
>
> 她想了半天。"不过你不知道,他就是离了婚,他那样有神经病的人,怎么能同他结婚呢?"
>
> 我也觉得这是无可挽回的悲剧了。

请原谅我大段引用原文,这几段实在太反高潮了,可以作为许多"遗梦""碎梦"背后的老实话。

殷宝滟和罗先生不能在一起,是因为他是"有神经病的人"。他们痛苦地讨论离婚什么的,只是因为,她觉得这样更有悲剧之美吧。这结尾横扫过来,使前面那缠绵情调变成了一个笑话,若主人公有原型,那就更是一个笑话了。

按照张爱玲的写作习惯,他们大多是有原型的,这篇小说的女主角应当是一位名叫成家榴的女子。张爱玲给宋淇的信里,也点明了这一点。

傅雷的儿子傅聪和傅敏接受记者采访时都承认,他们父亲的生命里,出现过这位成家榴。她美丽迷人,是非常出色的女高音,与张爱玲文中所写的"在水中唱歌,义(意)大利的'哦嗦勒弥哦!'('哦,我的太阳!')细喉咙白鸽似的飞起来,飞过女学生少奶奶的轻车熟路,女人低陷的平原,向上向上,飞到明亮的艺术的永生里"吻合。

傅敏回忆:"只要她(成家榴)不在身边,父亲就几乎没法儿工作。每到这时,母亲就打电话跟她说,你快来吧,老傅不行了,没有你他没法儿工作。时间一长,母亲的善良伟大和宽宏大量感动了那位女士,她后来主动离开父亲去了香港,成了家,也有了孩子。"也与张爱玲所写的不谋而合。

成家榴和傅雷,何时何地认识的已经不得而知,《殷宝滟送花楼会》里说殷宝滟跟同学去听课,在课堂上认识了罗先生。宋以朗认为这是小说家言,因为成家榴的姐姐成家和与傅雷是邻居,都租住宋淇家的房子。

但宋以朗又说傅雷搬到宋家的房子是在1947年,这时成家榴已经被张爱玲那篇小说吓得去了内地,他们的交情不是因比邻而起。根据现有资料,大概率是成家和介绍的。

成家和,刘海粟的第三任妻子,香港明星萧芳芳的母亲,曾就读于上海美专。1931年,她和同学赵丹误以为傅雷反对学生抗日,在教室里跟他发生了冲突。不打不相识,一场误会之后,他们成了朋友,成家榴十有八九是由成家和介绍认识傅雷的,与小说中所言去学校时探望女友认识的情形相去不远。

成家榴是张爱玲的同学,每一条都对得上,张爱玲没做任何技术处理,当事人几乎是裸身出镜,反响可想而知。张爱玲振振有词地说,是她要我写的。——可是人家没让你写成这副德行。

"殷宝滟"也许略懂音乐,怕是不大懂文学,可能她读过的作品里,女主角都是琼瑶笔下那种万人迷。当她看到以挖掘隐秘人性为己任的张爱玲笔下的自己,难免当头一棒。而且怎么跟罗先生解释呢?当然可以说是张爱玲的臆测,但"他那样有神经病的人,怎么能同他结婚呢?"局外人还真想不出来。

只能是逃走了,逃到内地去,匆忙嫁了个空军,又很快离婚。张爱玲一篇不长的小说改变了她的命运，其实也没什么，我们的命运经常被一些小事改变。但张爱玲还是懊悔她毁掉了殷宝滟也就是成家榴和傅雷的爱情，那爱情虽然有点儿矫情，但也是爱情啊。张爱玲心底是珍惜爱情的。

2......出卖傅雷，是存心还是无意

巧的是，也就在这一年，傅雷注意到了张爱玲。

1944年5月，署名迅雨的《论张爱玲的小说》在《万象》上刊登；7月，张爱玲回敬了一篇《自己的文章》表示不服；11月，张爱玲在《杂志》上发表《殷宝滟送花楼会》。

捋下时间线，应当是傅雷一边和成家榴分着手，一边写着评论；成家榴转身去找老同学张爱玲倾诉；傅和张在不知情的情况下，有了这么一种交集。所以宋以朗说，张爱玲写《殷宝滟送花楼会》时，并不知道傅雷就是迅雨，张爱玲是后来到了香港才从宋淇那里听说的，她有点儿惊奇，但也没深究。

其实当时也有小报指出迅雨就是傅雷。有份《光化日报》发表过一篇《小报上的女作者》，写道："《万象》曾提拔了几位女作家，其中有几位，平心而论，她们只是文章的学作者，暂时还不能称作'女作家'的。张爱玲出道的迟，可是都红过她们，著名的翻译家傅雷先生曾在《万象》上写过一篇评论，格外叫人侧目。"

可能张爱玲凑巧没看到，有意思的是，《论张爱玲的小说》和《殷宝滟送花楼会》有文字上的重合。

《论张爱玲的小说》开头就写道："在一个低气压的时代……"《殷宝滟送花楼会》里罗先生也说："在这样低气压的空气里……"

《殷宝滟送花楼会》里，说罗先生面对女人的态度是酸楚的，张爱玲回敬

傅雷的文章《自己的文章》里也说，斗争是动人的，因为它是强大的，而同时也是酸楚的。

更巧的是，这篇小说，比《自己的文章》更能证明她的文学观点。

要说清傅雷和张爱玲的这场战争，还要从傅雷的那篇《论张爱玲的小说》说起。

和张爱玲一样，傅雷亦眼光甚高，一般人他都瞧不上。非常罕见地，他对张爱玲高看一眼，特地写了篇《论张爱玲的小说》，还把她的《金锁记》称为"我们文坛最美的收获之一"，柯灵将此称为"老一辈作家关心张爱玲明白无误的证据"。虽然张爱玲并不领情。

文章一开始就说张爱玲的作品是个奇迹，奇到什么地步呢？能让读者怔住，只能发点儿不着边际的议论："这太突兀了，太像奇迹了。"这种情况下，傅雷觉得他有必要做一个言之有物的总结。他首先从各个角度将《金锁记》大大赞扬了一番，除了"最美的收获之一"之外，他还说此文颇有些《狂人日记》里某些故事的风味。《金锁记》里，七巧的沦陷、挣扎、倒伏、覆灭，浓墨重彩的命运的阴霾，大开大合的悲剧意味，符合傅雷比较"重"的味蕾。他厚爱它到这种地步——开始对作者其他作品横挑鼻子竖挑眼了，他不能容忍一个写出这般伟大作品的作家，开自己倒车。

他首先针对的，是《倾城之恋》。每个有钱的单身汉，都会被人视为自己某个女儿应得的财产，《傲慢与偏见》里一开始就揭示了这个真理。《倾城之恋》里，年轻多金的华侨范柳原，回到祖国马上成为太太们眼中的抢手货，相亲宴纷至沓来，在其中某一场上，他与白流苏相遇。

白流苏是陪妹妹来的，她是离异的女人，"残花败柳"，媒人都没把她考虑进去，但范柳原却独独对她产生了兴趣。

对白流苏而言这是天赐的机会，她离婚后寄居在兄嫂家中，受尽了窝囊气,着急再嫁。范柳原看出她的目的,更看出她并不爱自己。范柳原被白流苏吸引,但不愿意娶一个不爱自己的女人为妻,她当情人倒挺好:情妇是合同制,妻子是终身制。对于白流苏,做情妇则极不合算,既不稳定,又让她丧失了机会成本——声誉坏了,以后不好再嫁。但眼下这个机会难得,她决定赌一把,想诱惑范柳原乱了方寸,只能迎娶自己。

一场拉锯战就此展开,白流苏谋生,范柳原谋爱,她握着自己的美,他握着财富资源。两个人好一场斗法,一会儿节节进犯,一会儿寸土必争,都拿出十分手段,不敢掉以轻心。

白流苏先败落下来,她的美有保质期,不可以奇货自居太久,范柳原固然于众人里挑中了她,但是爱情这东西本来就不是刚需。两人实力悬殊,没有退路的她只好无名无分地跟了他,眼看胜负已经分出,一场突如其来的战争成全了她。

炮弹狂轰滥炸,死亡离得如此之近,没有空间再细细计算。杂念屏退,他们相依为命,心中只剩下对方:

> 流苏到了这个地步,反而懊悔她有柳原在身边,一个人仿佛有了两个身体,也就蒙了双重危险。一弹子打不中她,还许打中他,他若是死了,若是残废了,她的处境更是不堪设想。她若是受了伤,为了怕拖累他,也只有横了心求死。就是死了,也没有孤身一个人死得干净爽利。她料着柳原也是这般想。别的她不知道,在这一刹那,她只有他,他也只有她。

在生死的缝隙里,爱情生长出来了。

"他不过是一个自私的男子,她不过是一个自私的女人。在这兵荒马乱的时代，个人主义者是无处容身的，可是总有地方容得下一对平凡的夫妻。"巨大的不稳定中他们只剩对方，爱情生出来，有情人终成眷属。

张爱玲后来笑说，很多人拿这小说是当复仇记看的，在娘家受气的落魄女人，嫁得金龟婿，可不让人替她扬眉吐气？亦舒和水晶都觉得这篇写得最痛快。

但傅雷不喜欢，傅雷首先对"几乎占到二分之一篇幅"的调情很不满："好似六朝的骈体，虽然珠光宝气，内里却空空洞洞，既没有真正的欢畅，也没有刻骨的悲哀。"恕我眼拙，不知道"二分之一"的篇幅是怎么算来的，范柳原难道不是在以调情掩饰他的悲哀吗？他对白流苏说，我想带你到原始森林里去，那样也许你会自然一些。他是想和那个将白流苏异化的俗世争取她，他的调情里，起码藏了一半真心。

傅雷太严肃了，连同范柳原被月光所诱惑，打电话对白流苏说"我爱你"，他也嫌不够深沉，"男人是一片空虚的心，不想真正找着落的心，把恋爱看作高尔夫与威士忌中间的调剂"。

傅雷还说"他上英国的用意，始终暧昧不明"。那是白流苏认输的第二天，获胜的范柳原反倒仓皇地想要逃到英国去，他何尝真的想要一个情妇？那是他的爱情理想碰到现实之墙后的负气，一旦真的实现，他又怕到想要躲开了。

也许是傅雷太老实，他看见一个字，就是一个字，只从字面上去理解，他看不到语气的浓与淡，色彩的深或浅，触不到语言的质地，更无法意会在语言的游弋处，那些微妙变幻的情绪。他蹙起眉头，抱怨作者给得太少，却不知，作者明明给了，是他自己接收不到。

在小说的最后，两个人终于能够"死生契阔，与子成说"之际，傅雷对那段描写仍然不满："当他说'那时候太忙着谈恋爱了，哪里还有工夫恋爱？'的时候，他竟没进一步吐露真正切实的心腹。'把彼此看得透明透亮'，未免太速写式地轻轻带过了。可是这里正该是强有力的转折点，应该由作者全副精神去对付的啊！错过了这最后一个高峰，便只有平凡的、庸碌鄙俗的下山路了。"

傅雷觉得应该怎么强有力呢？《红楼梦》里，贾宝玉听到林黛玉的葬花吟，感慨生命的美丽与虚无时，不由心神相通，恸倒在山坡上，可是，接下来呢？他从山坡上爬起来，并没有莎士比亚风地向林妹妹吐露心扉，却很"平凡地、庸碌鄙俗地"说起昨晚那场官司来了。

范柳原已经说明，俩人感情升华了。"谈恋爱"是形式，是表层，是犹疑状态下的一种试探，"恋爱"才是实质，是以心换心，是不留余地的付与，话都说到这份儿上了，还不够吗？

也许是傅雷太着急鄙视范柳原与白流苏的狼狈了，来不及去想它的深意，也有可能，傅雷本人实在太强，他不能容忍自己"可怜"，他是"超人"，不是他不熟悉的大多数。这没有问题，但觉得不够"超人"就不对，可能就是他的问题了。

3......怒安，活的就是一股怒气

这跟他们各自的经历有关。

傅雷四岁时，他父亲去世，他母亲带着他背井离乡，迁往另一市镇。有人赞扬傅雷的母亲有远见，给了傅雷更为开阔的视野，但他母亲其实是被族人欺负得待不下去了。

望子成龙心切，傅母对他期待甚高，傅雷在外面玩耍的时间长了点儿，他妈就用包裹皮兜起他，要把他扔河里；他读书稍有懈怠，他妈就把铜钱贴他肚脐眼上，上面点根蜡烛，烛泪落在他肚皮上，烫得他直哭；还有次把他

绑在摆着父亲灵牌的桌子前,要他对着灵牌忏悔。就这么着,他还是难免让他妈失望,他妈拿起绳子便要上吊。

这种环境里长大,人要么很萎靡,要么就是被锻炼出生命不息战斗不止的斗志。傅雷属于后者,看他写给他妈的信,那叫一个抒情,他完全接纳他妈对他的磨炼,认为这是存在于世间的必修课。后来,他又把这一套用在了傅聪身上,傅聪受虐不过,离家出走。

字怒安的他,活的就是一股怒气。

按照傅雷的观点,小说里的人一定要抗争,要"痛快成为一个彻底的悲观主义者,把人生剥出一个血淋淋的面目来"。以此为标准,只怕大多数名著都入不了他的法眼。

且以他难得看得起的钱锺书的作品《围城》为例,无论是方鸿渐、赵辛楣,还是苏小姐、孙小姐一干人等,都在随波逐流、淡漠地苟且——但同时也不怎么变态地活下去。

张爱玲说,她不喜欢善与恶、灵与肉冲突得斩钉截铁的那种古典的写法,所以她的主题有时欠分明。"但我以为,文学的主题论或者是可以改进一下。写小说应当是个故事,让故事自身去说明,比拟定了主题去编故事要好些。"

写到这里,且让我发散地思考一下,《红楼梦》也是一部主题不分明的作品,也没能痛快地剥出个血淋淋的人生,贾宝玉一见他爹他娘马上老实起来,撒谎拍马屁也不在话下。

傅雷的世界,必须有个紧绷绷的崇高的主线,看看傅雷为《巨人三传》写的译者序:"不经过战斗的舍弃是虚伪的,不经劫难磨炼的超脱是轻佻的,逃避现实的明哲是卑怯的;中庸,苟且,小智小慧是我们的致命伤……"

张爱玲爱的,却是参差对照,阴阳之间的那点儿灰。太纯粹的爱情,太激烈的斗争,在她眼里,都因失真而显得薄脆。她说:"我发现弄文学的人向来是注重人生飞扬的一面,而忽视人生安稳的一面,其实,后者正是前者的底子……强调人生飞扬的一面,多少有点超人的气质。超人是生在一个时代里的。而人生安稳的一面则有着永恒的意味……"

对于他们两位这样针锋相对,他们共同的熟人柯灵也表了个态。他以长者的身份批评了张爱玲的不客气,说,将近四十年后,张爱玲对《连环套》提出了比傅雷远为苛刻的自我批评,好像张爱玲终于醒过味来,在傅雷的批评面前低头认错似的。

张爱玲是批评了《连环套》没错,说是一路胡扯,看得齿冷,但她是对自己高产状态下粗制滥造了这一篇而感到不满,傅雷批评的则是张爱玲笔下那一整个"轻薄""轻佻"的情爱世界。

再者说,柯灵只见张爱玲反省了傅雷不以为然的《连环套》,怎不见她大刀阔斧地将傅雷深以为然的《金锁记》,修改成长篇小说《怨女》?傅雷看到这一篇,怕不会觉得是"文坛最美的收获"了吧?

在《怨女》中,压迫与反抗这个惨烈的主题被淡化,麻油西施银娣(《金锁记》里的七巧)当然是有怨恨的,但同时,也有虚荣,有期望,跟婆婆妯娌们怄气,斗智斗勇,这些成功消解了她的痛苦。

银娣不是七巧,不是《呼啸山庄》中那坚忍的蓄势待发的希斯克利夫。七巧把怨恨化零为整,凝聚成疯狂与戾气,长久地抱持,不能解脱。银娣没有这种与日常生活脱离的英雄气,她更善于化整为零,把痛苦掰碎了,搓细了,放进细水长流的时日里,渐渐地感觉不到了,可以夷然地、正常地、随波逐流地活下去。

"最初她用黄金锁住了爱情,结果却锁住了自己",这是傅雷对于七巧的概括,无法放到银娣身上,后者更像生活中的普通人,都是细节,没有主题。张爱玲削薄了七巧的"怨",晕染了七巧的"怨",把抗争前沿的斗士,拉回深深庭院，跟《狂人日记》之类小说划清了界限。

"生活自有它的花纹，我们只能描摹。"张爱玲如是说。"源于生活，高于生活"，这应该是傅雷的文学主张。张爱玲是一个窥视者，探身望一望，最多嘴角挂一抹冷嘲，一切留给读者去感受；傅雷则是亲自上场，给那些人排队，好坏分明，一一贴上标签。

此外，傅雷还提出《连环套》里用了太多古典小说里的语言，张爱玲倒是同意这个批评，她说她写香港的小说，为了营造旧日气息，会特意用一种过了时的词汇，这个以后可以改一些。

再怎么说吧，傅雷写这篇评论都是出于好心，只是这好心从他母亲那里衣钵相传下来，强硬而且自说自话，张爱玲当然不接受。

4……… 你有你的，我有我的，方向

但还是要说一句，张爱玲的内疚其实也大可不必，起码傅雷的爱情没有那么脆弱。

在成家榴之外，傅雷婚后还曾有一次婚外情。他在洛阳出差时认识了一位"汴梁姑娘"，这姑娘"准明星派，有些像嘉宝，有些像安娜斯丹……"反正是个"娇艳的人儿"——听上去是不是像洛阳版成家榴？当年傅雷在法国，爱上的也是一位热力四射的巴黎女郎。老实巴交的男人，似乎总是爱红玫瑰，娶白玫瑰。

他给这女子写诗："啊，汴梁姑娘，但愿你灵光永在，青春长驻！但愿你光焰恒新，欢欣不散！汴梁的姑娘，啊……汴梁的姑娘！"

他跟她说自己的身世，描述自己的娇妻爱子朋友，诉说他的苦恼，和以前的恋爱史——不知"汴梁姑娘"是否会讨厌听这些。不过大家也不用为傅

雷先生担忧，他给朋友的信里说，他有朱梅馥和那位法国女郎这两大护法，对这女子，也不过是当作喝酒一般寻求麻醉罢了。

尽管如此，他醉得也太狠，又是要为她写曲子，又叫来同事一块儿为她拍照，把她的照片镶了银框挂在房间里——朱梅馥此时也在河南，他还想让朋友把那照片发表在上海的杂志上。

唉，怎么那么像胡兰成对于小周的爱呢，"她是那么的美好！"胡兰成在张爱玲面前呻吟着说，他们一样有着要培养那些年轻女孩的伟大构想。

这是傅雷1936年年底的爱情。《殷宝滟送花楼会》里，罗太太在罗先生出轨时怀孕也许是虚构，但1936年年底，傅雷确实在妻子怀孕时，对另外一个女子如醉如痴。"超人"的另一面，也不过如此。

随着他离开河南回到上海，那段热情很快时过境迁。接下来，他和成家榴走近了……

张爱玲自以为毁了傅雷的爱情，这事要放在她身上，肯定就毁掉了，殷宝滟那句"他那样有神经病的人，怎么能同他结婚呢"，可谓锋利如刃，放张爱玲心里肯定如千刀万剐。但是，在成家榴落荒而逃之后，傅雷仍然能跑去跟成家和做邻居。

20世纪60年代，傅聪去香港参加演出，成家和与成家榴姐妹热情接待了他，傅雷写了很热切的信致谢。傅雷的书信里存有他致成家榴的一封信，谈的是子女教育问题。也许，他们早就相逢一笑泯恩仇了。

成家榴晚年对傅敏说："你爸爸很爱我的，但你妈妈人太好了，到最后我不得不离开。"她坚持她的道德形象，不提她是被张爱玲的小说吓跑的。

不过这样想有什么不好呢？放过别人，也放过自己。而张爱玲过度求真，也会将自己带入走火入魔的误区。人，有时真的得学会自我催眠，想象自己是一个美好的人，可以崇高可以爱的人，在瞬间飞扬里，击败人生底色里的虚空。

张爱玲年轻的时候，也曾飞扬过，所以，她与傅雷在《金锁记》里瞬间交会，但终究是，"你有你的，我有我的，方向"。

1966年9月，傅雷不堪凌辱，与妻子朱梅馥一起自尽。本年，由《金锁记》改编成的《怨女》在香港《星岛晚报》连载，而张爱玲本人身在美国。

早在1952年，张爱玲嗅到危险气息，辗转逃离，这种警觉，是否也是长期的旁观者的定位使然？她冷静，不主观，她不着急跳进热情的汪洋大海里，所以能对现实，看得这么真。她最后寂寞冷清也冷静地死去，这大概也是傅雷不能理解的。

10 　父亲张志沂：

过时的人

张爱玲的父母,一个生得太晚,一个生得太早;一个过时得让人叹息,一个新锐得让人侧目,但是,正是有了这太旧的父亲和太新的母亲,才能如此深刻地感受到两种思想的碰撞和撕扯,才会有一个如此遗世而独立的张爱玲。她立于时代之上,不被成说牵制,不随潮流而动,孤独地固执地揭示人性的幽微之处,她的文字,也因此如河底美玉,几经时间之水的洗涤,愈加璀璨。

1......他还没长大就过时了

1938年年初,十八岁的张爱玲从父亲家逃出来,她用英文写了篇"揭露"父亲囚禁自己的文章,发表在父亲必看的《大美晚报》上。这篇后来被翻译为《私语》的文章当时用了个耸人听闻的标题:"What a life! What a girl's life!"一惊一乍的,说标题党也不为过了。

张爱玲确实吃了些苦,被囚禁的那大半年,给她留下严重的心理阴影。然而,这个世界从来不是黑白分明,她父亲张志沂,也不全然是个万恶的大反派。

他更多地属于灰色调。一方面他吃喝嫖赌百事不成,另一方面他英语极好,八股文背得滚瓜烂熟;一方面他在张爱玲和继母发生冲突时,不分青红皂白站在妻子那边,另一方面,他欣赏张爱玲的才情,给她写的《摩登红楼梦》起过很像样的标题。张爱玲人到中年,还记得父亲带她去吃的那些点心。

他可以归类为一个文学形象:"多余的人"。不能说有多坏,只是没有用,不过他的"多余"也有可悯之处,是时代的断裂造成的,也可以叫作"遗少"。

张志沂的母亲就是李鸿章的女儿李菊耦。《孽海花》为张爱玲的奶奶李菊耦量身定做了一则传奇,说她在签押房里遇见张佩纶,豪门小姐怜惜落魄才子,她为他写的诗偏巧被他看见,更加幸运的是,得到了老爹爹支持。才子佳人的戏码，演变成童话的结局：从此他们幸福地生活在一起。

但是，张志沂说，这个情节是假的，那首诗是假的，奶奶所有唱和的诗都是爷爷自己作的，而且，奶奶绝不可能在签押房里与爷爷相遇。

他干净利落地剔除了所有传奇元素，将"爷爷奶奶"的传奇还原为"父母之命，媒妁之言"——李鸿章择婿太不按常理出牌。他后来又将小女儿嫁给小她六岁的任家少爷，完全不符合当时习俗，张爱玲的姑姑张茂渊说：(任家少爷)一辈子嫌她老。

比较而言，李菊耦还算是幸福的，浪漫前传虽是小说家言，她和张佩纶婚后的生活倒也算安逸，风晨雨夕，庭前阶下，他们煮酒烹茶，谈诗论画，宛如李清照和赵明诚了。

可是，就像李清照的生活难免风侵雨渍百孔千疮一样，有谁能够在时代大格局隐隐的威胁之下，守住自己的小堡垒？张佩纶不是赵明诚，李菊耦也做不了李清照，从一开始他们的快乐就不是多么真切，更像浮在荷叶上的露珠，晶莹流转，看上去很美，但跟荷自身总是隔了一层。

张佩纶晚年自称生不如死，他不快乐。李鸿章写给李菊耦的家书里，总是劝她要开心一点儿："素性尚豁达，何竟郁郁不自得？忧能伤人，殊深惦念，闻眠食均不如平时，近更若何？"老父亲殷殷之言，令人感慨，却收效平平，李菊耦后来在亲戚间有孤僻的名声。在风花雪月的背面，侧向无人的一隅，他们可能会各自嘘出一口气，有不快乐的表情。

《对照记》里，有李菊耦中年时期的照片，她发胖了一些，眼睛定定地看着镜头，像是一个极平凡的母亲，内心所有的稳定，都来自身旁的一双儿女。这双儿女，就是张爱玲的父亲张志沂和姑姑张茂渊。

多年来，李菊耦配合张佩纶，上演隐士夫妇的风雅之范，但"煊赫旧家声"里的浮华影迹，未必真能在她心中消弭。何况，在当年，她就不是一个只识妇德与女红的千金小姐,也不是杜丽娘或者崔莺莺式的纯情女生,她是能帮助老爹爹看公文的。从婚后和父亲的来往书信中,也可看出,她深谙官场规则。这样一个李菊耦,不大可能甘心边缘化。娘家兄弟时不时就有谁"阔了",她的压力转化为动力,放在培养儿子上。

可惜,李菊耦的苦心孤诣,也可以换成另外四个字,叫作"不合时宜"。

她老爸和老公都是少年进士,科考高手,靠文章起家的,李菊耦立意在儿子身上复制他们的成功,打小就盯着张志沂背书。

"三爷背不出书,打!罚跪。"这是老女仆的回忆。李菊耦"鸡娃"的成绩是,多少年后,张志沂还能将古文时文甚至奏折倒背如流,无事时在家里绕室咏哦,末尾处拖了长腔,一唱三叹地作结。

后来张爱玲听她老爸背书总是觉得心酸,因为毫无用处。1905年,张志沂十岁左右,清政府就废了科举,再也不是一篇八股定终生的年代了。张志沂这样孜孜于背诵"毫无用处"的东西,是惯性还是潜意识中的一种抗议?搭进了金色童年不算,硬生生地被灌进一肚子无用的学问,不惆怅是不可能的。

除了学问,李菊耦在思想意识上也对儿子严防死守。纨绔子弟,鲜衣怒马,那么她就把儿子往土了吧唧上打扮。给他穿颜色娇嫩的过时衣服,满帮绣花的鞋,认为没有一副时尚的行头,他就该羞手羞脚地见不得人了。

不承想,上有政策,下有对策。张志沂小同学穿着绣花鞋,走到二门上,四顾无人,取出袖子里藏着的一双时尚新款鞋,换下来,走出去。女仆在骑马楼的窗子里窥到,想笑,又不敢笑,"怕老太太知道了问"。一双绣花鞋,哪能挡住时代家族社会各种因素的合围?何况这颗正在成长的少年心,就想扑通一声跳进那大染缸里去。

李菊耦从娘家带来的"先进"经验里,似乎只有一点是被儿子接受的,那就是"走趟子"的习惯。所谓"走趟子",就是踱步,属于低成本健身,李鸿章在军中也照做不误。

李菊耦将"走趟子"作为家族优秀传统,移植到儿子身上,多年后,张爱玲经常看见她爹围着铁槛一遍遍地转圈。在烟榻酒桌之间,秉烛夜游之余,他哪还需要做这个?没有了李中堂家国在身的庄严感,张志沂的绕槛而行,就有了一种讽刺意味,一种笼中兽般的荒诞。

在其母的精心教育下,张志沂还没长大就过时了,一个天生的遗少,处处都别扭。

三十来岁的时候,他也曾在铁路局和银行两度做过英文秘书,第一次是因他生活放荡,声名狼藉,影响到引荐他的堂哥的官誉,致使堂哥"下课",他也丢了工作;第二次则是因为他供职的银行有日方背景,抗日战争爆发后,他怕被误认为汉奸,主动辞职。之后他干脆再不出山,就靠着母亲的那份遗产,过着堕落但也不是很快乐的生活。

2 ......被时代和妻子一同抛弃

老女仆话说当年,首先想起的就是老太太怎么变着法地省草纸。

从李菊耦留下的丰厚家产看,她还没到需要省草纸的地步,节省草纸,与其说是一种必需,不如说是内心恐慌的外显。希望是没了,她只有算计着过日子,延缓坐吃山空的速度,不想没等到坐吃山空,她的生命就走到了尽头。张爱玲说:"命运就是这样防不胜防,她的防御又这样微弱可怜。"

李菊耦去世后的第三年,张志沂娶了亲,对方是李鸿章的好友、长江水师提督黄翼升的孙女黄素琼。

黄素琼的祖父黄翼升戎马一生,官运亨通,只遗憾人丁不旺。他本人四十七岁才得了个独子黄宗炎,这个儿子快三十了,还没有孩子。

黄宗炎的老婆亲自跑到乡下给老公买了个姨太太,等姨太太终于怀了孕,黄宗炎却病逝于广西盐法道任上。

姨太太肚子里的孩子,是黄家唯一的血脉,大太太唯一的指望。临盆这天,大太太紧张至极,听接生婆说是个女孩,当即昏倒过去。然而,极富戏剧性的一幕发生了:姨太太肚子里面还有一个,而这个,是个男孩,大太太短时间内经历大悲大喜。

这是张爱玲早年散文里写到的。多年后,她在《小团圆》里告诉我们,那个男孩,其实不是姨太太生的。黄宗炎病逝时,姨太太还大着肚子,黄家的族人气势汹汹上门争夺财产,若生下来的是女孩,家产就没这些女人什么事了。

大太太胸中有韬略,让用人去外面抱了个男婴送进内宅,只说是个双胞胎,有惊无险地成功了。

不知道《小团圆》里这段是否属实,但大太太对这个帮助她们维护了家族财产的男孩仁至义尽。待他长大将他送进了震旦大学,那个女孩倒留在家里读私塾,还缠了一双小脚。

按这个趋势,黄素琼本该长成张爱玲笔下的白玫瑰,但黑夜给了她黑色的眼睛,她用它来梦想光明。

她没有进过学校,就对学校无比向往,她用幽深庭院里一个寂寞女孩的想象,将"学校"这个新生事物包装得光芒万丈。天翻地覆的年代里,新生事物层出不穷,可样样都与她无关,她的向往,既甜蜜又酸楚。

二十岁那年,她带着嫁妆,更带着已成形未出口的梦想嫁给了张志沂。

他们开始时相处得不错,张志沂读过很多书,中英文都不错,乍一看也像个有新思想的人。而黄素琼漂亮、上进,又有一些楚楚动人的缺失感,看上去也很可爱。

《对照记》里，收有一张照片，张志沂小夫妻和亲戚家的几个年轻人围桌而坐，背景应该是个大花园，草木繁盛，绿意幽然，黄素琼跷着兰花指提起水壶续水，喇叭口袖子垂下来，风姿绰约，这场景好像一帮学生聚会，是他们最好的时光。

新婚之初的甜蜜时期，张志沂也许会稍稍收敛自己的荒唐，但江山易改，本性难移，他不是不愿意好好对她，而是他更爱自己，更舍不得让自己受委屈。时间一长，尤其在张爱玲和弟弟出生之后，他管不住自己了，又出去鬼混，抽大烟，逛妓院，跟过去的生活衔接上了。

对此黄素琼不能接受，从极封建的家庭里走出来，她比别人更向往光明健康的现代生活方式。纳妾、抽鸦片，如昏昧陈旧的梦魇，她躲之不及，唯恐沾身，如何与之朝夕共处？

这时小姑子张茂渊要出国留学，她以监护为由，同去了英国。

新鲜事物扑面而来：艺术、礼仪、穿衣打扮、生活方式……多么可爱多么浪漫多么华丽的这一切啊，黄素琼目眩神迷。在英国的她一定是个很勤勉的学生，很快就从中国的小脚女子，进化成西洋式美妇人。

但国内还是有她不能割舍的两个孩子，张志沂也不像《红楼梦》里的贾珍、贾蓉乃至贾琏那样全无心肝。他一直催她回来，给她写信，信里有诗：

> 才听津门（金甲鸣）
>
> 又闻塞上鼓鼙声
>
> 书生（自愧只坐拥书城？）
>
> 两字平安报与卿

括号里的字都是年深日久，张爱玲不记得了，瞎猜的。

虽然黄素琼努力将自己西化，对于这中国式的感情表达，也不能完全无感，她将这首诗随身携带多年，直到成为遗物交给张爱玲，一块儿交给张爱玲的，还有张志沂的一张照片。

但是，写这首诗的同时，张志沂已荒唐到极点，他纳妾，把一个年龄不小脾气很大的妓女接回家，闹得鸡犬不宁，自己的脑袋也被打破；他吸毒，吸得过了度，"离死很近了"，坐在阳台上，额头搭一块湿毛巾，目光呆滞，喃喃自语……极度纵欲之后，会有一种酒伤式的空茫倦怠，这时，他想要回头了。

得到浪子回头的允诺，又有感情牵绊，去国四年之后，黄素琼归来。张爱玲这年八岁，八岁的小女孩感到母亲带回来了一个无比新奇的世界，明亮、轻盈、柔和。从新式的装修，到"蕴藉华美"的客人，钢琴、绘画、表演，以及被母亲鼓励着，为一朵枯萎的花落泪，这些都是张爱玲未曾经历而又无比热爱的，她喜欢母亲带回来的世界。

但张志沂不喜欢，他是旧世界里的人，眼前这些对于他而言如同异域，到此一游尚可，回不去了可不行。改变自己这件事，光有愿望是不够的，还要有力量，把自己从过去中连根拔起，不怕血肉模糊。一般人都做不到，张志沂还不如一般人。

细微的芥蒂生出，快乐空气被破坏，张志沂故态复萌，照样抽鸦片逛妓院，连家用都不拿出来，想着把妻子的钱耗光了，她就得老老实实地待在家里。

他忘了，黄素琼是勇敢的湖南人，宁可壮士断腕，也不愿委曲求全，争吵不可避免地爆发，黄素琼提出离婚，张志沂不愿意。

老婆再不好，有一个现成的摆在那里，就不用费什么心思了。何况，黄素琼尽管脾气暴烈，却美丽出挑，张志沂对她有一点在乎，珍惜她的好，但对她又不那么在乎，可以无视她的心情与脾气。他又是那么懒散的一个人，多一事不如少一事。

但是，这是二十世纪三十年代，"皇帝"溥仪对于"妃子"文绣的离婚申诉都无计可施，张志沂再不情愿，还是到了直面离婚协议书的一刻，他心绪如麻，绕室三匝，律师转头去做黄素琼的工作，黄素琼用一种非常欧化的语气，简洁明了地说：我的心已经是一块木头。宛如弦断不可续，水泼不可回，她惜字如金，一个字都不想跟他啰唆。张志沂的自尊大受震动，终于，在协议上签了字。

张爱玲的父母之间梗着的，是一个新时代。张志沂和新时代不投缘，和旧时代更相知，而黄素琼作为女性，在旧时代可没占到什么便宜，缠小脚，不识字，嫁给不称心的男人。旧时代是一只可恶的手，把这个心气挺高的女子摁得死死的，危急关头，新时代现身，像一个光明磊落又英武的男人，对她露出亲切的甚至是怂恿的笑容，成为她的后盾，她可以信赖的隐秘情人。

3......怎样开罪"衣服癖"患者

当黄素琼丢下一切包袱，一往无前地拥抱新时代，张志沂心中则有一种酸溜溜的悻悻然。要命的是，和他关系最为亲近的两个女人全对这新时代心悦诚服，另一个，就是他的女儿张爱玲。

父母离婚这年，张爱玲约十岁，前面说过，她对母亲带回来的新世界一见钟情，现在，越发情深意笃了。父母离异，一度使她微感不安，但是，当她来到母亲家中，看到了煤气炉子和陶瓷脸盆，她立即感到了莫大的安慰。假如父母的离异，能使她母亲，还有她自己，离那样一个光明现代的世界更近一点，把父亲丢掉也没关系。

其实张志沂固然荒唐，但对这个早慧的女儿很器重。他是她最初的知音，认真阅读她的所有文字，和她畅谈《红楼梦》，张爱玲对高鹗的续作大加抨击，张志沂颇以为然，同时指出，续作对于官场景况的刻画生动逼真，这跟高鹗本人出身有关系。

张爱玲写《摩登红楼梦》，无厘头地讲宝玉出国，贾琏当了铁路局局长，芳官变身娱乐明星，就像现在的《大话××》。不是所有的老爸都对这种文字有耐心的，张志沂非但认真看完，还给拟了"很像样"的回目。

心情好的时候，他愿意和她谈谈亲戚家的笑话，进行这种沟通，是相信对方在人情世故上，达到了和自己同样的层次。

很多年之后，张爱玲在美国，著文回忆父亲带她去买点心，她要小蛋糕，而他则总是买香肠卷，她偶尔也会尝一只。那年在多伦多，她看见类似的香肠卷，一时怀旧起来，买了四只，却不是那个味了。浅淡的文字间，透露出当年这对父女的好时光，他们也曾经那样亲密温馨过。

只是，少女张爱玲即使足够早熟，也难以避免该年龄段普遍具有的矫情：夸大自己对某些事物的热爱，强调自己对某些事物的厌恶，企图在夸张的表情里突出自己，黄素琼和张志沂客观存在的差别，使得这种矫情有了生根的土壤。

即使跟父亲在一起时，更轻松，更快乐，更有其乐融融的氛围，但张爱玲还是告诉或者说暗示自己，父母的世界是光明与黑暗的两段，属于父亲的这一端，是黑暗没落腐朽的："那里什么我都看不起，鸦片，教我弟弟做《汉高祖论》的老先生，章回小说，懒洋洋灰扑扑地活下去……父亲的房间里永远是下午，在那里坐久了便觉得沉下去，沉下去。"

而母亲的这一端，是冷冽的新天新地，光明，秩序俨然，即便有点凉，却像是"在新房子里过年",是兴旺的,有指望的,很提神。

黄素琼离婚后不久,就去了法国,没关系,姑姑还在。姑姑长期和黄素琼同出同入,是一个阵营的,张爱玲在姑姑家里感到了相似的空气。而姑姑给母亲寄信时也会夹上张爱玲的照片,并且告诉张爱玲,她是答应了黄素琼才来照顾她的,不至于离间她们母女感情。

张志沂这边的生活,也在有序进行着,他再娶,依然秉着门当户对的原则,娶了原北洋总理孙宝琦的女儿孙用蕃。

孙宝琦鼎盛时期,妻妾成群,共计娶了五房太太,生下八个儿子,十六个女儿。赋闲之后没了进项,家里人又多,日子就不好过了。不过,再怎么着,人家孙宝琦也是做过总理的,前总理的女儿,这名头就像水果上打的那层蜡,无补于内在品质,但看着光鲜不少。

孙宝琦的女儿,嫁的都是豪门,其亲家囊括了盛宣怀、王文韶以及只做了八十三天皇帝的袁世凯等。这位孙用蕃到了三十五岁才嫁掉,还是做填房,不能算作成功。

看过孙用蕃一张中年时的照片,五官饱满,眼睛很大,也算是个美女了,未嫁之前,又有精明能干的名头,怎么着也不该轮到她嫁不出去,张爱玲之前说她有鸦片之癖,不知道她是像长白似的抽鸦片所以嫁不掉,还是嫁不掉郁闷地抽上鸦片。到了《小团圆》里,才将"继母耿翠华"前尘往事交代清楚:

> 耿十一小姐曾经与一个表哥恋爱,发生了关系,家里不答应,嫌表哥穷,两人约定双双服毒情死。她表哥临时反悔,通知她家里到旅馆里去接她回来。事情闹穿了,她父亲在清末民初都官做得很大,逼着她寻死,经人劝了下来,但是从此成了个黑人,不见天日。

这一类痴情男女的故事里，反悔的似乎总是男人，《胭脂扣》里如花和十二少相约去死，如花死了，十二少活下来了。就算女人一同活下来，也要比男人承受更多，这位表哥后来如何不得而知，但肯定不会被家里人逼着寻死。

耿翠华落到这步田地，只好靠抽鸦片烟解闷，更嫁不掉了。后来被介绍给"乃德"也就是盛九莉的父亲，乃德毛病虽多，倒是个不双标的人，和翠华打过几次牌之后，他告诉楚娣："我知道她从前的事，我不介意。我自己也不是一张白纸。"

不知道这些事是否属实，当事人都已死无对证，不过孙用蕃确实珍惜这次婚姻，愿意和张志沂以及张志沂的儿女们搞好关系，还没有嫁过来，她就已经郑重地准备了送给张爱玲的见面礼——她自己的两箱子旧衣服。

我相信孙用蕃是抱着"友好"的态度准备这份"礼物"的，她的问题在于太主观。她自己家姊妹多，竞争激烈，可能跟《琉璃瓦》里描写的一样，一双袜子都是一笔会被他人觊觎的财产。但人家张爱玲家不是。李菊耦留下的那笔嫁妆着实丰厚，还没败完呢。

张爱玲还从黄素琼那里继承了"衣服癖"。她五岁时就梦想梳爱司头，穿高跟鞋，小时候的衣服，她一件件记得分明，白地小红桃子纱短褂，飞着蓝蝴蝶的洋纱衫裙，姨太太用整块丝绒做的小斗篷，被母亲否定了的俏皮的小红袄，还有那件还没有上身就小了的葱绿织锦的外国衣服，让她一想起来就觉得伤心，认为是终生遗憾。

要想得罪这种"衣服癖"患者，最有效的办法就是限制她的衣着，孙用蕃自称自己的衣服料子很好，张爱玲却说，袖子都已磨破。

另一方面，张爱玲是个排异性很强的人，对别人的气味很敏感。对于这位后妈，她从一开始就很抵触。姑姑跟她说她爸即将再婚的时候，她哭了，发狠想如果这个人站在对面，一定要把她从阳台上推下去。这戏剧化的设想虽没有变成现实，但她一定不愿意穿孙用蕃的旧衣服。

但是没办法，孙用蕃嫁过来，张爱玲在她治下，只能接受她的安排，穿她的旧棉袍。张爱玲说那颜色像碎牛肉，穿在身上的感觉是浑身都生了冻疮，冬天已经过去了，还留着冻疮的疤。在贵族化的教会女校穿着这样的衣服走来走去，相当难堪。学校里一度酝酿制作校服，张爱玲内心非常渴望，还想象也许像别处那样，是白衬衫，藏青色的十字交叉背带裙，洋服中的经典，又有少女气息。可惜学校当局最终没通过。

多年后她到台湾，还赞赏女学生的草黄制服，听说群情激愤要求废除女生校服，不禁苦笑。也知道这样"忆苦思甜"说出来会让年轻人生厌，没办法，"我那都是因为后母赠衣造成一种特殊的心理"。张爱玲晚年写到继母，仍是一股子冷嘲热讽的口气，孙用蕃"赠衣"对她伤害太大了。

4.......... 他和她互相背叛

当然，更不可原谅的，还是她抢走了自己的父亲，孙用蕃嫁过来之后，张志沂对她言听计从，从张爱玲的弟弟张子静的叙述来看，这俩人从头到尾感情都不错，真应了那句话，谁都有谁的那杯茶。

孙用蕃和张志沂一样，在旧时代里生了根，如果说"遗少"也有女版的话，那么她就是。和张志沂一道躺在烟榻上，吞云吐雾，在近乎微醺的气氛中，消磨掉这一生，有什么不好呢？她和老公志同道合，相亲相爱。

张爱玲有一种被剥夺感，她拼命地瞧不起父亲的生活，还有点自我保护的成分——用轻视将自己与他隔绝开来，装作根本不在乎他的感情，以此掩饰失落。

但是，正如她自己所言，她天生就是个写小说的人，"写小说的人"和普通人的一个区别，就是对别人特别有兴趣，甚至能超出个人好恶，把对方凝练为一个观察描写的对象。

孙用蕃的到来，使得张爱玲有机会观察"继母"这个群体。这一群体历来公众形象不佳，但初见之时，孙用蕃也无意扮演经典版的后娘，愿意朝好里做。张爱玲把这点体会放到作文中，写了一篇很是善解人意的文章叫《后母的心》，讲继母也很不容易。

孙用蕃读过之后非常感动，又拿给亲戚们看，但我总觉得张爱玲的"写"和孙用蕃的"感动"，都有表演的成分。而所有的表演，都有谢幕的时候，身段撑久了，是会感到累的。这时，俩人的不对付就冒出头了。

孙用蕃不敢动张爱玲这个大小姐，就拣张子静这个软柿子捏，张爱玲用的词是"磨折"。目睹孙用蕃挑拨父亲教训弟弟，张爱玲受到了很大的震动，两人之间的裂痕，不可避免地产生了。

但是，张爱玲不是影视剧里的大小姐，会将喜怒形之于色，大家族人多口杂，本身就是个江湖，早已历练过的张爱玲，跟这位继母，在很长一段时间里，都互相敷衍得过。两个女人之间的芥蒂，像一只不断充气的皮球，终于爆发了。

张爱玲中学毕业那年，黄素琼回国，张爱玲自认为自己态度没有多少变化，可张志沂感觉到了。他心中不快，有点吃醋，此前他对张爱玲一直很不错，养活她，教育她。他以为张爱玲应该和自己父女情深，以为这个出色的女儿，将成为自己感情上的一种慰藉。不承想，黄素琼一回来，张爱玲就变了心。

就在此时，张爱玲又提出留学的要求，张志沂对于留学这件事很抵触，花钱且不说，他的前妻若不是出国留学，怎会那样绝情地与他分道扬镳？

而张爱玲留学心切，选择了最糟糕的说服方式——演讲。《围城》中说，演讲的感觉是站在台上，居高临下，我们可以想象，当张爱玲铿锵有力距离感十足地陈述她的理由时，对于张志沂和孙用蕃是怎样一种刺激？

张志沂很恼火，说张爱玲是受了人家的调唆，这个人家，不用说就是黄素琼了。孙用蕃则当场就骂了出来："你母亲离了婚还要干涉你们家的事。既然放不下这里，为甚么不回来？可惜迟了一步，回来只好做姨太太！"

不久淞沪会战爆发，日军日夜在苏州河那边开炮，张爱玲说她家临近苏州河，每天被炮声吵得睡不着，就跟父亲提出，要去母亲那里住几天。后来又说是她母亲安排她出去参加考试，总之，她去黄素琼那儿住了俩礼拜。走的时候，她跟父亲说，是去姑姑那儿，张志沂情知前妻和妹妹同住，但余情未了，在烟榻上柔声应了一声。

等到张爱玲回来，孙用蕃忍无可忍地发飙了，问张爱玲去她母亲那儿为什么不告诉自己。张爱玲说告诉父亲了，孙用蕃怒道："噢，对父亲说了！你眼睛里哪儿还有我呢？"便一个耳光打过去。张爱玲本能地要还手，被下人拉住，孙用蕃已经一路锐叫着奔上楼去："她打我！她打我！"

> 我父亲趿着拖鞋，拍达拍达冲下楼来。揪住我，拳足交加，吼道："你还打人！你打人我就打你！今天非打死你不可！"我觉得我的头偏到这一边，又偏到那一边，无数次，耳朵也震聋了。我坐在地下，躺在地下了，他还揪住我的头发一阵踢。终于被人拉开。

张志沂对于黄素琼的感情是如此复杂，恨中有爱，爱中生恨，分分钟都不同。先前张爱玲来"请假"时，他躺在烟榻上，心情相对平和，黄素琼在他心里，模模糊糊的是个可爱的女人，于是柔声应下。而其他时刻，比如这个早晨，他有起床气，心情没那么好，再想起这个女人，就是一个尖锐的盛气凌人的影像,一意投奔过去的张爱玲,也跟着变得可恶起来,他的暴怒的另一面,是被伤害的感觉。

张爱玲被关了起来,姑姑来说情,孙用蕃一见便冷笑道:"是来捉鸦片的么?"不等姑姑回答,张志沂便从烟榻上跳起来,把姑姑也打伤了。这个细节,透出孙用蕃的心机,她知道怎样把张志沂激怒。一句话,就把姑姑推到黄素琼、张爱玲她们那边,成了张志沂又一个假想敌。

姑姑营救无效,张爱玲被她父亲关了大半年,表面上看,张志沂处于绝对强势,但是,当午夜梦回,张爱玲在被羁押的房间里看那月光如冷冷的杀机时,张志沂是否也曾辗转难眠思量遍,仍然不知如何与女儿握手言和?

不是每个人,都知道如何让自己柔软、柔和下来,张家人的强硬,也是一个传统。

5.........最后一面

大半年之后,张爱玲找机会逃了出来,在《大美晚报》上发表的那篇文章里她生动地描写了那个逃脱之夜:

一等到我可以扶墙摸壁行走,我就预备逃。先向何干套口气打听了两个巡警换班的时间,隆冬的晚上,伏在窗子上用望远镜看清楚了黑路上没有人,挨着墙一步一步摸到铁门边,拔出门闩,开了门,把望远镜放在牛奶箱上,闪身出去。——当真立在人行道上了!没有风,只是阴历年左近的寂寂的冷,街灯下只看见一片寒灰,但是多么可亲的世界呵!我在街沿急急走着,每一脚踏在地上都是一个响亮的吻。而且我在距家不远的地方和一个黄包车夫讲起价钱来了——我真高兴我还没忘了怎样还价。

张志沂看到这篇文章,大发雷霆,这可能正是张爱玲的初衷。孙用蕃什么反应不得而知,倒是她晚年,有人向她提起张爱玲笔下的她,孙用蕃风轻云淡地说:"张爱玲成了一位著名作家,如果是受到我的刺激,那也算是一件好事。尽管恶言谩骂向我涌来,但我已经八十多岁了,只要我对自己无愧,那些外界的恶名我可以接受,对我来说一切都无关紧要。"

这不一定是心里话,但看得出,老太太是个聪明人,一番话说得何其敞亮,家暴好像也成了正能量。

回到当年,张爱玲离开了她所看不起的父亲的家,来到她所向往的母亲的家,夙愿已偿,是不是从此就可以得其所哉?假如生活真的按照这个调子发展,张爱玲就不可能成为张爱玲,不可能有这一手艳若桃李冷若冰霜参差对照风情万种的好文章。

关于张爱玲与母亲的关系,后文会有详细叙述,这里抛下两人各种芥蒂不提,只说在母亲的支持下,她终于以极其优秀的成绩,考上了香港大学。

香港之于张爱玲,是一座特别的城,她带着隐秘的宏伟抱负来到这里,既踌躇满志,又忐忑不安。她两耳不闻窗外事,一心只读教科书,仔细琢磨老师的想法,门门功课都是优秀,一口气拿了两个奖学金,毕业之后还有可能被保送到牛津大学深造。大好前程就摆在眼前,她就等着展翅高飞了。

然而,一个大事件发生了,大四这年,港战爆发,战争像一块大披风,遮蔽了个人的一切努力。张爱玲看得大过天的成绩,在兵荒马乱的世界里,忽然变得荒诞,仿佛眼前的布景被谁陡然转换,前途远景像海市蜃楼一般消失了。摆在眼前的,除了死亡,便是千方百计躲避死亡。

终于回到上海,张爱玲和弟弟张子静说起这次遭遇,仍然愤愤不已:"只差半年就毕业了啊！"可那又怎么样？战争是没商量的，或者说，命运是没商量的。一次次幻灭，剥除生命之上的附丽，使得张爱玲能和真相劈面相逢，无可躲避地杀出自己的一条血路。

张爱玲想转入上海圣约翰大学续读，至少拿个文凭，但摆在眼前的问题是，钱从哪儿来？战争爆发之后，她与母亲失去联系，姑姑本来就没多少钱，现在又在失业中。

姑姑倒是建议张爱玲去找父亲要钱，当初离婚协议上说好的，张爱玲的教育费用由父亲负担。后来她从父亲那儿逃出来，她父亲和继母好一通笑话，说黄素琼是自搬石头自砸脚，弄上这么一个包袱。如今让张爱玲回头要钱，实在尴尬。

张子静却一力撺掇，回家之后又跟父亲提起，张志沂沉吟了一下，毫无表情地说，你叫她来吧。张子静认为，父亲这是对姐姐离家出走一事未能释怀，我从中看到的，却是一种不知所措，许多种感情一道涌来，怨艾、恼怒、怀念、怜爱……甚至还有一点点羞涩，张志沂不知道该如何面对这个女儿。

张子静叙述了那次父女相见，张爱玲面色冷漠地走进了父亲家，在客厅里，见到了张志沂。她简略地把求学的事说了一下，张志沂很温和，叫她先去报名转学，"学费我再叫你弟弟送去"。

两人相见不过十分钟，张爱玲把话说清楚就走了。

张子静这段回忆，两百余字。若是让张爱玲来写，一定大大超过这个篇幅，重新走进父亲的家——尽管不是当年她离开的那座房子，她也一定会百感交集吧。沙发上是否还有散放的小报，窗前是否还有雾一样的阳光？她对气味那样敏感，一定不会忽略鸦片的味道，她曾经对那味道那样鄙视，时过境迁，那味道能否成为一条通道，领着她回到从前的时光？

张爱玲的面无表情，不全是冷漠，可能还有百感交集，有情怯，作为旁观者的张子静如何能懂得。那短短的十分钟，她和父亲什么都不用说，但什么都说过了，说完后她匆匆离去，他们打那以后再也没有见过面。

这种决绝，谈不上原谅不原谅，有些感情，你不可以对它做决定，拿它没办法，你只能一动不动地待在原处，听凭不讲道理的命运随意调度，命运没让他们再见面，那就不见了吧。

6……漂泊于各自的路途

得到父亲的资助，张爱玲还是没有完成学业，张子静说原因有两个，一个是圣约翰大学不够好，张爱玲不肯浪费时间；第二点是学费有了着落，生活费也成问题，以张爱玲之敏感，不愿意给窘境中的姑姑增加负担。

我以为，可能还有第三点，港战带来的幻灭感，使得她对文凭没有先前那么热衷，按部就班地上学、找工作实在太慢，哪有一个天荒地老放在那里任你慢慢铺陈？"快，快，迟了来不及了，来不及了！"想做什么，立刻去做，也许都来不及了。

> 个人即使等得及，时代是仓促的，已经在破坏中，还有更大的破坏要来……如果我最常用的字是"荒凉"，那是因为思想背景里有这惘惘的威胁。

急迫的语气，焦灼的心态，有乱世的影响，更源于内心深处对于现世的珍惜。张爱玲小时候，过春节，除夕晚上跟保姆说好第二天早点儿喊她，但因她那一晚睡得太晚，保姆舍不得太早唤醒她。她一睁眼，见天光大亮，一切繁华都已错过，她失落到大哭。赶不上了啊，穿上新鞋都赶不上了啊，荒凉从这小人儿的骨子里透出来，那种深刻的危机感是与生俱来，还是早早地看了很多小说使然？

在人生重大关口上，张爱玲总能凭着直觉，迅速找到那条正确的道路。从父亲那里逃出来是这样，放弃学业选择写作也是这样。张爱玲坚定地走上自由撰稿人之路没多久，就获得了巨大成功，她的小说《沉香屑——第一炉香》在《紫罗兰》杂志上发表，老作家周瘦鹃称赞其行文有毛姆的风格。

据张子静说，他把这本杂志拿回家，告诉父亲，姊姊发表了一篇小说。父亲只"唔——"了一声，接过书去。张志沂后来对这部小说只字不提，但张子静猜，他一定仔细看过。

是啊，那流利的文笔，从容的叙事，亦得益于当年他曾与她"共话文学"。他给她的启发还在其次，更重要的是，他平等地、真诚地聆听并欣赏过她的见解，这种姿态给了她自信，让她在皇皇巨著面前也能神情自若，相信自己的感觉。日后，胡兰成接演了聆听者角色，但是一个男人再好，对你的欣赏，都不可能比你父亲更真诚。

张爱玲迅速走红，她深谙趁热打铁之道，新作有如泉涌，捎带着，又把五六年前，刚从张志沂那儿逃出来时，用英文写的那篇羁押与逃亡经历翻译成中文，扩充后在报纸上重新发表。当年张志沂在《大美晚报》上看到那篇文章时，大发雷霆，事到如今，不知又做何感想。

不过，既是扩充，必然增加了一些内容，像这句明显是后来加上的：

《心碎的屋》，是我父亲当初买的。空白上留有他的英文题识："天津，华北。一九二六·三十二号路六十一号。提摩太·C.张。"

我向来觉得在书上郑重地留下姓氏，注明年月、地址，是近于啰唆无聊，但是新近发现这本书上的几行字，却很喜欢，因为有一种春日迟迟的空气，象（像）我们在天津的家。

张爱玲言语中颇有些感慨。"我知道他是寂寞的，在寂寞的时候他喜欢我"，"有太阳的地方使人瞌睡，阴暗的地方有古墓的清凉。房屋的青黑的心子里是清醒的，有它自己的一个怪异的世界"。这段话则像是十足的贬义，但身处其中的张志沂未必没有同感。

也许，没有谁比这个女儿更懂他，只是，懂得是一把双刃剑，慈悲的另一面是残忍，于是爱恨交集，混合成没有名目的强烈感情。

时间如水，记忆如冰。张爱玲接着从上海，到香港，再到美国，她像是始终漂泊在无日无夜的荒茫中。她不像三毛，有父母做自己的守望天使。不过，这也成就了张爱玲与众不同的魅力，所谓绝代风华，常常要孑然独立。

张志沂也许关注过女儿的成长，但那种关注，只是茶余饭后的一点念想。他的日子，还是要按照原先的节奏过下去，和孙用蕃一道躺在母亲的嫁妆上坐吃山空——那笔嫁妆真是不小，他就这么挥金如土的，到1948年，卖掉上海的最后一栋房屋后，在青岛还有房租可以收，每年至少八百元。

不过，说到他处置上海那套房子的所得，真让人对张公子的理财能力叹为观止，他看着物价飞涨，不听任何人阻拦，把到手的美钞和黄金换成了金圆券。在中国货币史上，金圆券算是一个臭名昭著的笑话，很快就如同废纸。

1949年，张志沂夫妇搬进了一个只有十四平方米的房间，他一生有过那么多钱，那么多洋房和别墅，却在这"比我家以前的佣（用）人房还不如"（张子静语）的屋子里度过余生。

好在这个时间不是很长，1953年，张志沂去世。很多年后，他的儿子张子静借用朋友的话总结，说父亲命好，败得好，死得早，没受罪。

想想也是，小品中说了，人生最大的悲剧是，人没了，钱还在，张志沂不会有这种遗憾。可是，他活过这一生的意义，难道就是为了晕头转向匆匆忙忙地把这些钱都花完吗？

张志沂适配旧时代。他善于背古文时文，放过去可以成为科考高手；小有才情，当能博一个才子的名头；至于他喜欢眠花宿柳，曾几何时那是一种无伤大雅甚至可博个"风流才子"的名声。这些加一起，就是一个颇有派头的浊世佳公子。然而时过境迁，新时代像是一件不合体的衣服，他的人在里面，显得很蹩脚，很颓。

黄素琼与他截然相反，她一生都在寻找自己的事业，学习油画，给印度总理尼赫鲁的两个姐姐做过秘书，还曾在英国的工厂里做女工制皮包，目的是学会裁制皮革，自己做手袋销售。她这个计划似乎没成功，"后工业社会才能够欣赏独特的新巧的手工业。她不幸早生了二三十年"，张爱玲这样总结。

张爱玲的父母，一个生得太晚，一个生得太早；一个过时得让人叹息，一个新锐得让人侧目，但是，正是有了这太旧的父亲和太新的母亲，才能如此深刻地感受到两种思想的碰撞与撕扯，才会有一个如此遗世而独立的张爱玲。她立于时代之上，不被成说牵制，不随潮流而动，孤独地固执地揭示人性的幽微之处，她的文字，也因此如河底美玉，几经时间之水的洗涤，愈加璀璨。

这也算作歪打正着的收获吧。

11　母亲黄素琼：

哪一种爱不是百孔千疮

没有哪一种爱不是百孔千疮的。张爱玲曾这样总结她和母亲的关系,问题是,百孔千疮的爱也是爱啊,也能够温暖人心。

她是张爱玲眼里的时尚先锋,一往无前的时代女神,也是最早让张爱玲目睹偶像如何跌下神坛,产生巨大幻灭感的那个人。

她引领张爱玲从雾蒙蒙的古代走进新时代,同时又用她普通人的坏脾气打破张爱玲的均衡感,无论是肉体还是精神,她都是份额最大的"张爱玲"制造者。

张爱玲小时候看母亲黄素琼站在镜子前,在绿短袄上别上翡翠胸针,心生艳羡,声称:"八岁我要梳爱司头,十岁我要穿高跟鞋,十六岁我可以吃粽子汤团,吃一切难于消化的东西。"母亲给她提供了一个很梦幻的成人模板。

张爱玲四岁时,黄素琼携小姑出国,有四年时间,母亲对张爱玲都是个影影绰绰的传奇。仆人们当然不会说她母亲的坏话,而张爱玲骨子里的文艺因子,又使得她愿意把母亲扮成一个美丽的女神。

张爱玲说她对邝文美有 pygmalion complex 也就是毕马龙情结。宋淇注释说是希腊神话中,毕马龙爱上了自己用象牙雕出来的女雕像,她其实对她母亲也有这种情结。张爱玲的小说《茉莉香片》,是套着她父亲和弟弟写的,里面也出现了一个早逝的母亲,温柔、隐忍、静默,这可能是母亲最初在张爱玲心中的概念。

张爱玲八岁那年,黄素琼归来,带来异国的声音、色彩、光影,足够让一个八岁小女孩眼花缭乱,和灰扑扑的总是提不起精神的父亲一比,更是光彩照人。

之后父母离婚，张爱玲在他们之间来来去去，母亲总出国，她在父亲那边的时间更长一点儿，没有距离也就没有美，倒是对母亲的世界惊鸿一瞥，更令她心折。

当少女张爱玲厌恶地从父亲家中终年萦绕的鸦片烟雾里穿过，接过继母递过来的碎牛肉色的旧棉袍，当她看见父亲与继母相互敷衍，没有一句实话，她听见自己的心里很清楚地说"我对这里的一切都看不上"时，母亲的世界，就会像卖火柴的小女孩划亮火柴时那样瞬间出现。

张爱玲十六岁那年，黄素琼再次从国外回来，张爱玲多去了几次，令她继母不满。争执中，父亲将她囚禁，过了大半年，她终于设法逃了出去，逃到她母亲家。

这通常是小说或者影视剧里的高潮，母女俩深情相拥。然而张爱玲从来都是反高潮的，她说，出逃之前她考虑了很久，她父亲有钱而她母亲没有，是想到她父亲的钱也不会给她花时，她才下定决心。

当张爱玲在这边斟酌，黄素琼未必就没在那边盘算，张爱玲的投奔，是突发事件，在她计划之外，那么，要不要接受这个女儿，如何接受？

这些年来，黄素琼活得天马行空，这次还有一位异国男友随行，她没打算在中国待太久。为张爱玲留下来，需要她做出牺牲，这些年来竭力"全盘西化"的黄素琼，对这种牺牲精神很隔膜。好在，她还有些母性本能和责任感，黄素琼不是一个母性泛滥的人，但是那一点点就够了，足够让她不那么情愿地接纳女儿。何况，她的名媛淑女派头是半路出家，而十七八岁的张爱玲可以从根上抓起，在女儿身上圆自己的梦，也不是完全没有乐趣和成就感。从这一点说，她又很像一个中国式的母亲了。

黄素琼没正式上过学，一直心心念念想把张爱玲送进名校，这也是她和张志沂的分歧之一。现在，张爱玲当然要被送进好学校，黄素琼手头不算很宽裕，但她不惜血本，请了一个犹太教师给张爱玲补习数学，每小时五美元。

黄素琼还是个艺术迷，不见得真喜欢音乐和绘画，但起码那种艺术氛围让她沉迷。幼年的张爱玲，曾见母亲在家里开沙龙，和一个胖太太并坐在钢琴凳上模仿一出电影里的恋爱表演，张爱玲笑得在狼皮褥子上滚来滚去。

现在，黄素琼可以实施她的"淑女养成计划"了，她教张爱玲练习走路的姿势，看人的眼色，照镜子研究面部神态，如果没有幽默天才，千万别说笑话之类。她一心一意打造出一个优雅的名媛出来，但很不幸，张爱玲实在不是这块材料。

张爱玲协调性太差，走路跌跌撞撞，始终学不会巧笑浅嗔，一笑就嘴巴全张开，一哭就是青天落大雨，让黄素琼很失望。

她投入那么多人力物力，做出那么多牺牲放弃，张爱玲的表现，有点配不上，她不由自主地变得不耐烦了。张爱玲这时还颇不识相，三天两头问她要零花钱，黄素琼的烦躁可想而知，这烦躁，使得毫无准备的张爱玲猝然心惊，她还没有力量怀疑母亲，只能回头怀疑自己。

> 常常我一个人在公寓的屋顶洋（阳）台上转来转去，西班牙式的白墙在蓝天上割出断然的条与块。仰脸向着当头的烈日，我觉得我是赤裸裸的站在天底下了，被裁判着象（像）一切的惶惑的未成年的人，困于过度的自夸与自鄙。

有多少人，曾有过这样困窘的少年时代？敏感使我们看得懂父母的眉高眼低，单纯又使我们以为，一切都是自己的错，我们是这样缺乏经验，不知道父母也并不像他们标榜的那样完美。当我们受到伤害，我们只是惶惑地自省着，这种自省有如一柄锐利的刀，一下一下地，将自己的心灵，剜割得鲜血淋漓。

对于一个孩子，父母就是全世界，她在父母那里受了伤，无处叫屈，无法疗伤。而和父母的关系，也决定着孩子将来和世界的关系，跟父母之间是轻松，还是紧张，是尖锐，还是柔和，将来和世界也是一样。

童年留下的心理暗疾，就像一棵树苗上的伤痕，会随着树的长高长大而慢慢扩展，变成一生隐痛。张爱玲后来在跟人交往上很没有信心，也许在她内心，永远有一双眼睛，冷静地审视地望着她。身处其中，必然锋芒在背，动辄得咎，所以禁忌多多，当每一个动作都危险，张爱玲习惯了收缩自己，抱紧双臂，无声地呼吸，有谁知道或许这姿态不是傲慢，而是少年时代，在母亲挑剔的目光中形成的一种习惯。

我看黄素琼，总有似曾相识之感，我在成长过程中，遇见并崇拜过这类女人，她们衣着入时，妆容讲究，举止优雅，爱好文艺，高级一点儿的还有贵族或留洋背景，一招一式都有个范儿。张爱玲的真性情，与之根本就是两条道上跑的马。现在她很紊乱，这无疑是一种负面影响，但紊乱之后的幻灭，未必不是有益的。

捅破虚幻的肥皂泡，方能触及真相，所谓百炼成钢，总要经历这么几道工序。从此之后，张爱玲再也不会那么激烈地非黑即白、非此即彼，把人世间劈成天堂和地狱这两半，她静默艰涩地审慎地触摸生活，感受它的繁复多变。

黄素琼也许会申辩，说她是为张爱玲好。事实也是这样，张爱玲发愤图强，1938年，她报考伦敦大学，获得了远东区的第一名，但这时欧战爆发，她没能去成伦敦，第二年改入香港大学，黄素琼则随美国男友去了新加坡。

你看，黄素琼的教育挺成功是不是？她对张爱玲的质疑、埋怨、批评，放在现可以叫作挫折教育，我听过无数人抱怨，它让自己的成长期变得昏天黑地。"为什么你不如××？""你看你有多蠢？""考不到××分就别回家了！"……张爱玲提到，她看到美国棒球员吉美·皮尔索的传记电影，几乎号啕，"从小他父亲培养他打棒球，压力太大，无论怎样卖力也讨不了父亲的欢心。成功后终于发了神经病……"

是的，你给我的压力也许能让我成功，却会让我变成神经病，让我怀疑自己是不被爱的。然后，可能就出现了《小团圆》里的"八百块事件"，女主角爱慕的老师奖励她八百块，她拿去给母亲看，母亲很不当回事地做了赌资——以这部小说的写实程度，十有八九是真的。

黄素琼为什么要那么做？我总觉得她是故意的，她说不定还觉得自己做得绝妙，四两拨千斤地打击了那个少女刚刚冒出的爱情小幼苗。在对待子女的感情问题上，很多父母都是自以为聪明的。

张爱玲回到上海后，写了篇"自曝家丑"的文章，得罪了她舅舅，她姑姑警告她说，你母亲回来会生气的。张爱玲说，母亲怎么想，我现在完全不管。她告诉她姑姑，是因为那八百块钱。她还说，她一定会把母亲在她身上花的钱全还给她的。嗯，还了你，你就不是我的债主了，就不可以再对我评头论足挑三拣四，让我一直生活在你质疑的目光里了。还了你，我们就不相干了，你就不能那么理直气壮地动用我获得的奖励了，你不知道，你动的，是我的一整个世界。

《小团圆》里写，最完美的梦想是将钞票放在一打深色的玫瑰下，装在长盒子里还给母亲。前提是，她得有钱，在她成为一个作家之后，张爱玲对稿费的计较，众人皆知。

胡兰成给了她很多钱。她把这些钱变成黄金，像一条紧张的蛇，蛰伏在洞口，等待着她的债主归来。待到胡兰成开始逃亡生涯，他需要钱，她知道他需要钱，她就是不肯拿出来，她硬着心肠想，反正有他侄女青芸照顾他，反正青芸已经为他牺牲掉了。没有比还母亲的钱更大的事，她少女时代就积攒起来的意志与决心，谁也不能抗衡。

《小团圆》里写，母亲终于回国。盛九莉选了个时机去还钱。没有玫瑰，没有长纸盒，二两小金条放在手心，简直担心会从手指缝里漏掉。她还赔着笑递过去，感谢母亲为她花了那么多钱，"我一直心里过意不去"。她说这是还她的。

她母亲落下泪来。这是九莉的反制，杀伤力不下于母亲把那八百块钱轻易输掉。不管九莉说得多么客气，母亲也能瞬间领会到，这二两金子上，聚集着的决绝与冷酷。她这样对九莉说："就算我不过是个待你好过的人，你也不必对我这样。'虎毒不食儿'嗳！"

这话让九莉十分诧异，她那女神范儿文艺腔的母亲，竟然以女佣余妈、碧桃她们的口气，引用这句南京俗语。

也许，她们母女最大的隔阂在这里，张爱玲始终高看了自己的母亲，就像她小时候，仰起脸看着她母亲梳头，以为她是那样美丽、强大、不可攻克。她因此高估了母亲对自己的伤害，黄素琼一个也许随意的举动，被她读出深刻的恶意，假如她能明了她母亲不过是个普通人，做事也欠思量，是否就能在更早的时候多一分释然与原谅？

黄素琼则是低估了女儿，当那些语言脱口而出时，她还是把女儿看成一个不懂事的孩子，以为自己的那些情绪发泄，不会在她心里留下痕迹——"我是为他（她）好"，这句话，让多少为人父母者不再深入思考。

最后还是没还成，盛九莉硬着心肠想，不拿也罢，不拿也没别的了。我还了，你没要，这笔债也算了了，别以为你还能在我这里留点儿什么。真是绝情。

但小说里也写道，九莉不断地感到母亲正在老去，周围的人对她母亲变得冷淡，她时常诧异，却不知道这诧异便是不平，她替老去的母亲感到不平，她不知道自己爱着母亲。

她的作品改编成电影，母亲去看，非常满意，九莉诧异她也像普通父母那样，对子女的成就容易满足，她没想过，她母亲也许不过是个做得不太好的普通母亲。

黄素琼再次离去，去了她喜欢的、洁净的欧洲。张爱玲随后去了美国。她们母女此生再未相见。张爱玲结婚时，母亲给赖雅寄了一点钱。

1957年，黄素琼在英国住进医院，她希望张爱玲能够到英国与她见一面，写信给她"现在就只想再见你一面"。张爱玲和她的好友邝文美写信说："我没法去，只能多多写信，寄了点钱去，把你于《文学杂志》上的关于我的文章都寄了去，希望她看了或者得到一星星安慰。后来她有个朋友来信说她看了很快乐。"

一个月之后，黄素琼去世，没有亲人在身边，不知道她最后的时刻是怎样度过的。她留给张爱玲一箱古董，张爱玲靠变卖那些古董，和赖雅挨过了一段困窘时日。

就在她母亲去世的前一年，张爱玲曾经怀孕，随后流产，许多人提起过这件事，《小团圆》里将它写得触目惊心。在小说里，赖雅化名为汝狄，他劝盛九莉生："生个小盛也好。"盛九莉笑道："我不要。在最好的情形下也不想要——又有钱，又有可靠的人带。"

那个流下的男胎最终是被抽水马桶冲下去了。她后来解释说她不想要孩子，是因为"觉得她如果有小孩，一定会对她坏，替她母亲报仇"。她心里对母亲是有歉疚的，但并不原谅。

她不要孩子的决定就当时的生活状态来说是对的，却使她失去了一个理解和原谅母亲的机会。并不是"养儿才知报娘恩",生孩子是自己的决定,谈不上报恩这种话。只是,当一个女人有了孩子,手忙脚乱顾此失彼,你会在原谅自己的粗疏时,体谅当年的母亲;你会因为变成女人,而将当年那个不成熟不完美的母亲视作姐妹;甚至于,你对一个孩子的母性会扩大到对整个世界,回头再看母亲,她的很多错,对你的很多伤害,都是因为她在自己的成长期,曾遭遇过更多的伤害。

以黄素琼为例,她出身名门,祖父为长江水师提督黄翼升,家中极为守旧,打小裹脚,读的是私塾,弟弟却被送进震旦大学。若是在过去,这没什么好说的,但是在那个大变革的年代,黄素琼心中就颇有一番起伏。她的要强,她对新世界的迷恋,皆是因此而起。

另一方面,她是遗腹子,没见过父亲,从小见的,只有嫡母和亲生母亲这两个寡妇,她心中有阴郁的一面,也就不难理解了。

她不是故意要那么暴躁严苛的,是命运要她这样,若能理解这一点,会不会少点儿伤痛?

就像我小时候我母亲也很暴躁,经常口不择言,我是在很多年之后才领悟到,她不知道如何善待一个孩子,是因为她不曾被世界温柔相待,她以为这样也可以。事实上,比起她曾遭遇过的那些,我所受到的伤害确实不值一提,她也许从来没有觉得这是个问题。

张爱玲有没有想过这些呢?也许她也想过,只是没有力量改变自己,积习已成,她也没有契机让自己从中脱离。

没有哪一种爱不是百孔千疮的。张爱玲曾这样总结她和母亲的关系,问题是,百孔千疮的爱也是爱啊,也能够温暖人心。她一向反对文艺腔,可是,我得说,她对于完美整齐的感情的追求,实在是太文艺腔的一件事。

母亲,最后只能是睡在她的血液里。她们甚至没有一张合影。

12 姑姑张茂渊：

她不想愁眉苦脸地活下去

———————

张茂渊却是直面灰扑扑的人生，知道传奇背后，是一个女子无法出口的眼泪和不甘。

1.......... 关于她的爱情故事

是不是每个家族都会有一些特别的传统？以张爱玲家族为例，打祖父张佩纶这边下来，是坚硬；打祖母李菊耦这边下来，则是晚嫁。

李菊耦二十三岁才订婚，在遥远的19世纪末，这是一个有着失嫁风险的年龄。张爱玲本人二十三岁与胡兰成结婚，听上去不算晚，但是她的同学张如瑾，初中还没有毕业，就匆匆嫁了人。

《小团圆》里写，盛九莉要和邵之雍结婚时，她姑姑挺"得意"，说亲戚都说九莉和自己住一块儿，被她传染单身，看，这不是嫁出去了吗？

对，张爱玲的姑姑张茂渊才是嫁得最晚的那个，七十八岁才结婚。从《小团圆》的描写看，她不是刻意不结婚，是没有结婚的机缘。

从前传张茂渊晚嫁是在等一个人。早年她去英国留学，邂逅一位名叫李开弟的青年才俊，可惜没有"不早一步，也不晚一步"的幸运，李开弟早有婚约在身。也有人说李开弟是作为进步学生，不能接受"大卖国贼"李鸿章的外孙女。这基本属于瞎说，翻翻梁启超那本《李鸿章传》，就知道当时的有识之士，对李中堂评价颇高。

不管什么原因吧，都在俗套中。但张爱玲以及张子静文章的字里行间呈现出来的"姑姑"，似乎并没有那么简单，她不结婚，也许与这个男人有关，但，不是全部因为他。

《小团圆》，在这部自传体的小说里，证实姑姑经历了两场非主流的爱情：爱慕嫂子的情人，与表侄恋爱。大家族中，难免有这样在外人看来荒唐的故事，但大多数人，最后也不情不愿顺顺当当结了婚。为何，张茂渊一意孤行地自己过，令族人议论不休？

1928年，张茂渊从国外归来，这一年她二十六七岁，名门出身也许反倒是一种连累。《围城》里方老爷子的看法是，女中学生当嫁男大学生，女大学生当嫁男留学生，至于女留学生该嫁给谁，方老爷子没有提出适宜方案，大概他觉得这类人属于天生嫁不掉的一类，不说也罢。

用现在的话说，张茂渊是一个"三高"人士。高学历：不知道她在欧洲拿了个什么学位，反正是一个留过洋镀过金的海归。高收入：遗产也应该算一种收入吧，打了折仍然不菲。再说她还是职业女性，一度在电台读社论，工作半小时，就能拿几万元的月薪。高门槛：名门之后，方老爷子还说："嫁女须胜吾家，娶媳须不胜吾家。"通俗讲就是"抬头嫁女儿，低头接媳妇"，对于张茂渊，只能敬而远之了。

虽如此说，只要愿意俯就，这世上没有嫁不掉的女子，张茂渊的问题在于第四高：心气高。张爱玲说，她找起事来，挑剔得非常厉害，因为："如果是个男人，必须养家活口的……怎么苦也得干……象（像）我这样没有家累的，做着个不称心的事，愁眉苦脸赚了钱来，愁眉苦脸活下去，却是为什么呢？"

她所否定的这种生活状态，是大多数人的生活写照，没来由地做着不快乐的事，随波逐流，像在公交车上，木着脸隐忍地看窗外风景转换，不大去想为何踏上这段旅程。

张茂渊则敏锐地追问自己的感觉："却是为什么呢？"

同理，当喜欢的人不出现，出现的人不喜欢，她一定会选择"一直孤单"，哪怕"就这样孤单一辈子"。否则，像她这样一个父母早亡兄长翻脸没有负累经济尚可的人，愁眉苦脸地嫁一个人，愁眉苦脸地活下去，却是为什么呢？

在她身上，没有惯性这件事。

她不自欺。她和哥哥张志沂一样不喜欢讲她父母的传奇，少女张爱玲对"我爷爷我奶奶"的故事很来劲，缠着张茂渊说家史，张茂渊却很煞风景地来了句："我想奶奶是不愿意的。"张爱玲简直不愿听。

海德格尔说了，人，诗意地栖居。人们有着将人生诗化的需求，所以我们经常看到一些表扬稿，把父母塑造成勤劳善良勇敢坚定的楷模，段位再高一点如胡兰成，非要把吵嘴打架的父母塑造成神仙眷属。张茂渊却是直面灰扑扑的人生，知道传奇背后，是一个女子无法出口的眼泪和不甘。

张茂渊的真实，一部分来自张佩纶的遗传，另一部分，则与她走过的路有关。

2........"刀截般的分明"与"刻骨的真实"

《对照记》里有一张张茂渊和她两个哥哥的照片，异母兄张志潜最大，站在中间，张志沂和张茂渊分立左右，张爱玲都说这张照片像爷儿仨。

李菊耦去世后，遗产由张志潜代管，直到张志沂娶妻生子后才交割清楚。据说分得颇不公平，张志沂和张茂渊联手跟那位哥哥打起了析产官司。关键时刻，张志沂丢下妹妹倒向兄长，张爱玲说是她继母趋炎附势从中拉拢。张茂渊吃了个大大的闷亏，从此便不大与哥哥往来，声称不喜欢"张家的人"，只对张爱玲好一点儿，因为是她自己贴上来的。

张茂渊跟她家族的关系，如《红楼梦》里的惜春，被生活污秽所伤，心灰意冷。张茂渊受到的伤害，可能比惜春还要大。惜春自小在贾母这边长大，与她那荒唐的哥哥往来不多，感情上没有太多牵扯。张茂渊是在哥哥的照管下长大的，很可能存有许多温情的记忆，就像那张"父子仨"的照片上所呈现的。当亲情陡然转身，露出狰狞面目，那种坍塌感，比惜春以及张爱玲所经受的更甚。

如果是曹七巧式的女人，可能会暗中恨得咬牙切齿，却仍不妨照常走动，无他，惯性使然，交际欲望使然，人世最可怕的不就是寂寞吗？张茂渊不然，精神洁癖让她不惜"对自己狠一点"，与虚伪的情意一刀两断，要"刻骨的真实"和"刀截般的分明"。

但真实到极处，可能就会缺乏人情味——人情有时就是一种氛围感。不用实打实地付出，那些嘘寒问暖，唏嘘感叹，即便口不对心，我们还是愿意被它打动。活在这个世界上，若真实的关心不可得，我们愿意退而求其次，以那些即使缺乏诚意的语言取暖。

另一方面，每个人也都有表现善心的需要，有时候显得冷酷，是因为成本太高，若是可以低成本高回报，比如说，只要费上些唾沫星，就可以把自己打扮成一个好人、善心人，大多数人还是会趋之若鹜的。别的不说，就看网络上，有多少人在貌似激愤实则兴奋地表现正义，就知道，有多少人会迷恋这种一本万利的道德消费。

但张茂渊明显不属于上面说的这些人，后面会写到她对张子静的冷淡。她知道那是一个可怜的孩子，对他"吧达吧达"眨动的潮湿的眼睛，有着深刻的印象。她只要随口关心他几句，或者陪着掉几滴眼泪，就能完成一次圆满的道德消费。但张茂渊就是没这个心思。张爱玲出国之后，她彻底对这个侄子关上大门。

就算对还比较喜欢的张爱玲，她也不怎么流露感情。

张爱玲说起这位姑姑，亲热里又有一点儿距离感，她认同姑姑的真实，认同中，又带点儿似笑非笑的不习惯。当年她从父亲那里逃出来，投奔母亲，母亲和姑姑住在一起，张爱玲跟这两位同住，心里非常紧张。

母亲总在挑剔她，姑姑心情也不好，"可是有一天忽然高兴，因为我想吃包子，用现成的芝麻酱作馅，捏了四只小小的包子，蒸了出来。包子上面绉着，看了它，使我的心也绉了起来，一把抓似的，喉咙里一阵阵哽咽着，东西吃了下去也不知道是什么滋味。好像我还是笑着说'好吃'的。这件事我不忍想起，又愿意想起"。

张爱玲的那种感觉，叫作委屈，她以前跟母亲姑姑走得很近，惹得她爸生气，现在投奔她们，也是有割舍的，她们应该对她好一点不是吗？但母亲总在怀疑自己为这女儿所做的牺牲无意义，姑姑亦没有想象中的温情表现。吃着她一时心情好捏出来的芝麻酱包子，委屈里生出酸楚。张爱玲的"不忍想"，为这姑姑算是自己最亲的人了，仍然有隔膜芥蒂；又"愿意想起"，则是，面对了它，才算逼近人生的最真实处。

姑姑从不表达内心没有感觉到的东西。张爱玲着急到阳台上收衣服，膝盖磕到玻璃门上，流下血来，直溅到脚面上，涂上红药水，更是渲染得可怖，她给姑姑看，姑姑弯下腰，匆匆一瞥，知道不致命，就关切地问起玻璃，张爱玲赶紧去配了一块。

张爱玲说，姑姑的家对于我一直是一个精致完全的体系，无论如何不能让它稍有破损，所以她打碎了桌面上的一块玻璃后，即便"刚巧破产"，仍急急地把木匠找来，花了六百大元重新配了一块。

"精致完全的体系"，点明了张爱玲和姑姑之间的界限，她时时处处留心自律，不要冒犯了那样一种完整，对此，张爱玲也不是不惆怅的。

她又说："现在的家（姑姑家）于它的本身是细密完全的，而我只是在里面撞来撞去打碎东西，而真的家应当是合身的，随着我生长的，我想起我从前的家了。"

这从前的家，就是父亲的家，她已经将它抛弃了，知道它有这样那样的不好，但起码，它让她不那么紧张。

张茂渊经常抱怨张爱玲："和你住在一起，使人变得非常唠叨（因为需要嘀嘀咕咕）而且自大（因为对方太低能）。"低能倒也罢了，这是天才的特征，张爱玲似乎也乐于以此自诩。唠叨和嘀咕，不但使人显得琐碎，还因需要倾听者，显得太主动，太需要别人，这对于张爱玲是一种禁忌。她说，若是别人说我听，我会很愉快，若是我说别人听，过后想想就会觉得很不安。她后来爱上胡兰成，和这种禁忌不无关系——她终于遇上了有耐心听她讲话的人。

但张茂渊不在乎，她不把这种"受不了"看得多重，多么值得同情。

有一回，她生了病，很久都没有痊愈，张茂渊说："又是这样的恹恹的天气，又这样的虚弱，一个人整个地象一首词了。"她这是自嘲，也是嘲笑那些喜欢拿捏身段的人，她说不喜欢文人。但是张爱玲说，姑姑说话有一种清平的机智见识，有点像周作人他们。

比如说她手里有过不少珠宝，大多都被她卖掉，就剩一块披霞，因为不够好，实在卖不上价钱。她经常把这块披霞拿出来，这里比比，那里比比，总想派个用场。可是"襟上挂着做个装饰品吧，衬着什么底子都不好看；放在同样的颜色上，倒是不错，可是看不见，等于没有了；放在白的上，那比较出色了，可是白的也显得脏相了；还是放在黑缎子上顶相宜——可是为那黑色衣服本身想，不放，又还要好些……"她于是感叹：看着这块披霞，使人觉得生命没有意义。

可不是，好容易安妥了，但有好像还不如没有。真是一语中的，难怪胡兰成总要 quote（引述）她的话。

这样的张茂渊，有一种不执着的洒脱。她单身只是因为单身更快乐。后来她结婚，只是因为觉得结婚也不错。她和李开弟虽然一开始没走到一起，却是终身的朋友，张爱玲去香港读书，就是李开弟作保的。

"文革"中，李开弟夫妇受到冲击，张茂渊对他们多有照应——机警如她，在张爱玲出国时就跟她约好，不要有书信往来，这使得她更好地隐藏了自己。后来李开弟的妻子去世，张茂渊和李开弟年过古稀，一起养老取暖，也是不错的选择。张茂渊的一生，没有设置，只是遵循内心的指引。

和张茂渊这样的人打交道，你要预备着承受真实之伤。张爱玲自始至终跟人打交道都很有距离感，很紧张。不得不说，也是拜张茂渊所赐。

但作为一个作家，张爱玲从她那里得到了更多。如果说，她读香港大学时，官样文字被历史教授佛朗士先生耍着花腔一读，就露出了滑稽的底色，那么张茂渊的冷淡和真实，只言片语里的穿透力，则如一张网眼细密的筛子，筛去拿腔作势，图穷匕见。

所以张爱玲也能板着脸对迟到者说"张爱玲小姐不在"，能飘飘欲仙地穿着稀奇古怪的衣服，还自以为在保存劫后的艺术品。姑姑教会了张爱玲按照内心的指示行动——"别的就管他娘"（张爱玲晚年有这样"粗嘎"的声音）。

1987年1月，张茂渊从柯灵那里得到宋淇的地址，给他写了一封信。里面有这样的字句："可否请先生把爱玲最近的通信址见示？并转告她急速来函，以慰老怀，我已经85岁，张姓方面的亲人唯爱玲一人而已。"

张爱玲去香港后按照约定不再和姑姑联系，二十多年后，她们才开始恢复联系。1985年，张爱玲屡屡搬家，和姑姑再次失联。于是有了这么一封信。

看到过这封信的手稿，正如张爱玲所言，是淑女化的字体，却不再是那种平淡的语气，"无聊的情趣，总像是春夏的晴天"。也许，衰老会让人变得柔软一点儿,透过这封信看到的张茂渊,多了一点亲切。

张茂渊的一生,有如一杯清咖啡,黑得纯粹,苦得彻底,喝一次清咖啡不难,难的是喝一辈子清咖啡,张茂渊则是将清咖人生进行到底。

13　张爱玲的弟弟：

他只是想有人注意他

张爱玲对于弟弟是有感情的,黄素琼对这个儿子,也不能说没有爱,这些都不是问题,问题在于,爱又如何?她们把自身的清洁,看得比感情更重。因为感情里会有他人的气味,有一点点的污秽感,当她们发现那黏叽叽湿乎乎的"雾数"可能打这里上身,马上就步步为营地凛然避开了。

那年我去香港，见到了宋以朗先生。去之前我有一百个问题想问他，因为他是张爱玲文学遗产继承人，没有人比他掌握有更多的关于张爱玲的资料。

然而他是一个很典型的理科生，有一分资料就说一句话。每当我问他，"为什么会是这样……您怎么看呢……"时，他总是温和地微微一笑，做个很西化的耸肩摊手的动作。

有点儿失望，却也觉得这于"张学"是幸事，若宋以朗先生是个爱说话的文科生，又掌握那么多独家资料，别人还有什么置喙的余地？

唯有问到张爱玲的弟弟时，他很罕见地表了一下态，觉得张爱玲对弟弟很凉薄。他举例说，有一次，张爱玲带着弟弟的信出门，准备等公交车时看。公交车来了，她还没看，她上了车，而那封信被遗忘在等车时坐过的椅子上了。张爱玲片刻不安后想，也好，这样就省得看了。

她并不想看那封信，只是不能狠心扔了，现在老天帮她扔了，挺好。她不愿意让弟弟的只言片语进入自己的生活里来——从小时候就这样。

张爱玲小时候，家里使的女仆，有很多是安徽人，唤作"张干""何干"等，《合肥四姐妹》里关于女仆也是这样称呼，看来是吾乡当时对于女仆人的流行叫法。

带张爱玲弟弟张子静的，叫作张干，是一个刻薄厉害人，觉得自己带的是个男孩，处处要抓尖占巧。带张爱玲的何干亦因自己带的是女孩而心虚，总是让着她。张爱玲受不了张干重男轻女的论调，与她争执起来，张干便说，你这个脾气只好住在独家村，希望你将来嫁得远远的——弟弟也不要你回来!

"独"这个词，也是吾乡方言，小时候家里常有亲戚走动，有的还要小住几日，挤到我的小床上来，我啧有烦言，老妈就骂我"独"。我的理解，"独"的意思就是孤僻、个性强，对自己的地盘看得紧。

所谓三岁看到老，张干的眼光也算毒辣。不过她那句"弟弟也不要你回来"，俨然将弟弟当成未来的户主，她作为资深保姆也能当得了半个家，张爱玲则不过是嫁出去的女儿泼出去的水。户主尚未得道，鸡犬已经升天。可惜张干看错了风向。

张爱玲的母亲黄素琼，因嫡母重男轻女，受了不少委屈，等到她成为一个家庭的女主人，下定决心要改变这一状况。她坚持把张爱玲送进学校，张志沂不同意，她就像拐卖人口一样，推推拉拉地愣是把张爱玲送去了。

对于儿子张子静，她想着反正有他父亲管他，一个独子，总不会不让他受教育。不承想，张志沂这人没有啥儿女心，嫌学校里"苛捐杂税"太多，"买手工纸都那么贵"，只在家中延师教子。

母亲不管父亲不问，张子静是夹缝中漏下的孩子。他生得秀美可爱，有着女性化的大眼睛、长睫毛和小嘴。但是，一来他自小身体不好，二来他无人问津，形成窝囊憋屈的性格，远不像他姐姐健康而能干，在父母亲戚的心中有分量。

张爱玲说："他妒忌我画的图，趁没人的时候拿来撕了或是涂上两道黑杠子。我能够想象他心理上感受的压迫。我比他大一岁，比他会说话，比他身体好，我能吃的他不能吃，我能做的他不能做。"林徽因的父亲曾感慨做才女的父亲不容易，看来做才女的弟弟也难，在姐姐的强势存在面前，他唯有做一点儿带有破坏性的事情来表达自我。

尽管如此,他们还是经常在一起高高兴兴做游戏,扮演"金家庄"上能征善战的两员骁将,一个叫月红,一个叫杏红,张爱玲使一把宝剑,张子静使两只铜锤,开幕的时候永远是黄昏,他们趁着月色翻过山头去攻打蛮人……可以想象那亢奋的稚嫩的呐喊,橙色的夕阳在身后落下,背上有涔涔的汗,在太久远的童年。

那时,张爱玲是喜欢这个弟弟的,会在他腮上亲一口,把他当成一个小玩意儿。

后来张爱玲的父母离婚,张爱玲上了寄宿中学,放假回来就听众人讲述弟弟的种种劣迹:逃学、忤逆、没志气。眼前这个弟弟确实看上去很不成材,穿一件不甚干净的蓝布罩衫,租许多不入流的连环画来看,人倒是变得高而瘦,可是因为前面种种,这"高而瘦"非但不是优点,反而使他更不可原谅了。

张爱玲比谁都气愤,激烈地诋毁他,家里的那些人,又都倒过来劝她了。也许,他们原本不觉得他有多恶劣,他确实不够好,但他们所以要说他,不过是没话找话。

在这个家,张爱玲的处境比张子静好。当年母亲出国留学,姨太太进了门,她看张子静不顺眼,一力抬举张爱玲。这固然是因为将张子静视作潜在的竞争对手 —— 她一定认为自己将来也会生出儿子来吧 —— 但如果父亲对张子静的态度足够好,这善于看人下菜碟的女人,起码在一开始,是会假以辞色的。

现在,继母孙用蕃也看出来这一点:张志沂看重张爱玲,张爱玲也像贾探春一般自重,招惹她很可能把自己弄得下不了台,还是施以怀柔之道加以笼络比较好。对于张子静,就不用那么客气了。

张爱玲说孙用蕃折磨他,具体情形不得而知,她说了一个事例:在饭桌上，张志沂为了一点儿小事，打了张子静一个嘴巴。张爱玲大震，眼泪落下，孙用蕃笑了起来，说："咦，你哭什么，又不是说你！你瞧，他没哭，你倒哭了！"

张爱玲丢下碗冲到浴室里，对着镜子，看自己的眼泪滔滔地流下来，咬着牙说："我要报仇。有一天我要报仇。"她自己都觉得像电影里的特写，这感情多少有点夸张。这时，一只皮球从窗外蹦进来，弹到玻璃镜子上，原来是弟弟在阳台上踢球，他早就忘了挨巴掌的事了，这一类的事，他是惯了的，张爱玲没有再哭，只感到一阵寒冷的悲哀。

张爱玲到她母亲那里去——黄素琼刚从国外回来，张爱玲发愿，要"拯救"这个弟弟。哭着说要送他去学骑马，也许觉得这样能让弟弟培养一点儿男子气概。她母亲都笑了，笑过就算了。

因为缺乏营养，张子静的牙齿尖而泛绿，黄素琼担心儿子肺部有问题，叫他去医院照 X 光，他也逃掉。张爱玲和她母亲不是从一开始就打算放弃他的，但是她们的计划太高远，他纵然想追，也力不从心。

他只能是讲点儿家族故事给张爱玲听，一惊一乍地，因为姐姐在学校没有听闻，他便有了独家发布的优越感。他装作老辣或者淡然的样子，羡慕那些升官发财的人，在作废的支票上练习签名。他的内心并不像他外表那样平静，他希望能有一种方式，让人注意到自己。

不久张爱玲和父亲、继母彻底闹翻，起因是她在母亲那里住了一晚而没有告诉继母，继母发飙，父亲将她囚禁于两间相通的空房里。《小团圆》里写，出事之后，盛九莉看见桌上有笔墨纸砚，还有一个纸团，打开来是她弟弟的笔迹，写着："二哥如晤：日前走访不遇，怅怅。家姊事想有所闻。家门之玷，殊觉痛心。"

九莉暗暗吃惊：这是什么话？家门之玷。继母都不敢这么栽赃她，她气愤到麻木，只能在心里找了别的名目来怪他："念到《书经》了，念通了没有，措辞这样不知轻重。"她自己也知道这种责怪也是官腔。

弟弟难道真的以为她做了什么？他不过是故意要骇人听闻，因为他的存在感太微弱，要是能有点儿惊天动地的事讲给人听，也许人家就能高看他一眼。

张爱玲讲述这段生活的散文《私语》里没提到这个细节，到底是有点儿不忍吧，知道她弟弟看得到。许多年后，她写进了《小团圆》里，不再给自己，以及她的写作对象们留余地。

回到当年，张爱玲最终找了个空隙逃出来，搬到母亲那里。夏天里张子静也来了，带着一双报纸包的篮球鞋，说他也不回去了。一双大眼睛"吧达吧达"地望着母亲，潮湿地沉重地眨动着，是这样的无助。

但他的母亲是一个理性的人，不可能像无数有热情而没有头脑的母亲那样，把儿子搂在怀中——死也死在一起，这是一句多么愚蠢的话。

黄素琼很有耐心地解释给他听，说自己的经济能力只能负担一个人的教育费用，这个名额已经被他姐姐占用。张子静哭了，张爱玲也哭了，母亲给张爱玲活生生地上了一课，让她学会在严酷的现实面前保持理性而不是动用激情。

张子静回到了父亲的家，有很多年他一直在父亲家中，张爱玲在小说《茉莉香片》里把他描写成一个阴郁懦弱到有点变态的人，精神上的残废。张子静晚年时将张爱玲小说中人与现实人物一一对号入座，唯独对这篇小说不置一语，他大概不愿意接受这样一种描述。

事实上他没有这么惨，也没有这么狼狈，"阴郁""变态"还是一种挣扎，徒劳无益，只会伤到自己。这些年来，张子静早就找到保护自己的办法，就是装作对自己的处境全不知情。这种"糊涂"是他的一件雨衣，替他挡过父亲、继母的伤害，他还经常穿着它来到姑姑家，像一只小狗，凑近不属于它的壁炉，为了那一点温暖，不在乎头上的唾沫和白眼。

姑姑不喜欢张子静，尽管她曾经衣不解带照顾生病的他，尽管他那"吧达吧达"的眼神给她留下深刻的印象，但那点感情早已在岁月中消磨掉。张子静深知这一点："她认为我一直在父亲和后母的照管下生活，受他们影响较深……因此对我保持着一定的警惕和距离。"

有次张子静去看张爱玲，时间聊得长了点，不觉已到晚饭时候。姑姑对他说："你如果要在这里吃饭，一定要和我们先讲好，吃多少米的饭，吃哪些菜，我们才能准备好。像现在这样没有准备就不能留你吃饭。"张子静慌忙告辞。

张爱玲对张子静的态度有点特别，她有时对他也不耐烦，经常"排揎"他。张子静跟一帮朋友办了份杂志跟她约稿，张爱玲老实不客气地说，我不能给你们这种不出名的杂志写稿，坏我自己的名声。

但是，另一方面，她愿意跟他聊天，电影、文学、写作技巧……她说积攒生动语言的最佳方法，就是随时随地留心人们的谈话，并把它记到本子上，而想要提高中英文写作能力，可以把自己的一篇习作由中文翻译成英文，再由英文翻译成中文，如是几遍，必然大有裨益。

张子静似乎从没有从事写作的抱负，张爱玲跟他说这些，与其说是指导弟弟，不如说是她需要有个听众，毕竟，写作之外还有生活，而她的生活太寂寞了。

投奔母亲之后，她发现母亲前卫的另一面是缺乏温情与耐心；姑姑则既不喜欢文人，也不喜欢谈论文学；炎樱颇有灵性，但中文程度太浅。唯有这个弟弟，虽然有点颓废，有点不思进取，但是他听得懂她的话，有耐心听她说话，她在他面前是放松的。所以，在她成名之前，她经常这样带着一点点居高临下的口气，和他谈天说地。

有时，张子静也和她说点儿父亲和继母之间的事，她只是安静地听，从不说什么，但这静听的姿态也可以理解为一种怂恿，她对那边的事，不是不感兴趣。《小团圆》里写过姐弟俩一段对话，我估计是真实发生过的。

弟弟跟九莉说起父亲的窘境，让九莉震动，弟弟说，父亲把房子抵押出去，抵押到期也不去赎，收到通知信就往抽屉里一搁。"娘告诉我的。娘都气死了。"这个"娘"指的是继母。言下之意，她更会理家。九莉提出质疑："娘也许是气他不把东西落在她手里。"弟弟急了，"不是，你不知道，娘好！是二叔（九莉算是被过继给伯父的，喊她父亲二叔，弟弟也跟着喊），自己又不管，全都是这样糟掉了。倒是娘明白。"九莉暗想：他爱她。

是斯德哥尔摩综合征吗？爱上虐待自己的人。好吧，就算她曾经虐待他，起码她眼里有他，比起漠视远离自己的骨肉血亲，也许倒是她，像个至亲。

而且，随着他长大成人，她对他也该有所改变，毕竟她自己没有生育。丈夫越来越荒唐，他们娘俩都是受害者，因此结盟，在大家族里长大的她，既有敷衍的能力，也有敷衍的需求，她但凡稍有余力，敷衍张子静一下，于他，就是难得的温暖。

张爱玲成名之后，张子静再去看张爱玲，十次有九次是见不到她的，张爱玲骤然忙了很多，后来又有了更好的听众胡兰成。出于过往亲情，见面时，张爱玲还是会很放松地跟他聊天，比如说起有人追求自己，以及自己不会跳舞等，但只要话题停止，他们又重归于淡漠。

这里面可能有前面说过的，她弟弟的那封近乎"落井下石"的信的影响。另一方面，也是张爱玲从父亲家出走之后，更看清了这世间的人情冷暖。

张爱玲的表妹曾说张爱玲又热情又孤独，热情来自天性，孤独源于多思。从父亲那儿逃出来，她孤注一掷地跟了母亲，黄素琼就那几箱子古董，她所干的营生不赚钱，跟坐吃山空也差不多。她迁怒到张爱玲身上，张爱玲说："（我）为她的脾气磨难着，为自己的忘恩负义磨难着，那些琐屑的难堪，一点点的毁了我的爱。"

同时毁掉的，还有少女张爱玲对于这绝对光明的世界的毫无保留的信任，这使她从此充满了警惕。所以她在和弟弟打交道时，会有意无意地保持距离，不刻意扮演自己力不能及的形象。既然这世上，没有哪一种爱不是百孔千疮的，何必离得太近，让彼此都穷形尽相。

姑姑则教会她永远永远忠实于自己的内心，过于忠实内心的人，可能就没那么有人情味。

虽然父亲反对张子静到学校里，后来还是送他上了大学——上海的圣约翰大学。张爱玲也在这学校上过一阵子，对于教学水准评价不高，不像香港大学那样保护学生的创造性思维，尊重学生的个性，张子静没那么在乎这些。

1946年，张子静随表姐夫进入中央银行扬州分行，待遇不错，足够自食其力还有节余。但张子静染上了赌博恶习，又搭钞票，又搭身体，他父亲的基因就那么强大吗？

但他还是有可悯之处，他自小姥姥不疼舅舅不爱，没有爱的激励，很容易随波逐流——我们克制欲望，往往是为了具体的人。何况张子静一直在怯怯地想要凑近别人的世界，现在有人愿意带他玩，他当然不会拒绝。从张子静后来很容易就戒了赌可以看出，他对这一"业余爱好"的忠实度也很低。

新中国成立前，张子静回到上海，黄素琼也再度从国外归来，她叫张子静过几天去家里吃饭，事先问了张子静要吃多少饭，喜欢吃些什么菜。张子静去的那天，姑姑上班去了，张爱玲也不在家，家中只有母子二人，原本很方便交流母子感情。但是黄素琼再一次展示了一个理性者的刻板，她注意的有两点，一是张子静的饭量和爱吃的菜是否符合他以前所言；二是问张子静工作情况，教导他应该怎样对待上司和同事。张子静说，这顿饭无疑是上了一堂教育课。几天后，因为张子静在舅舅的生日上没有行跪拜之礼，又被母亲说了一通。

暌违多年，面对这个长大的儿子，黄素琼就没想过问问他在想什么，打算过怎样的生活，现在有没有需要帮助的地方。就是问问他有没有喜欢的女生，打算啥时候结婚生孩子也好啊，就像一个絮叨的老妈那样。也许他当时会有些烦，但在以后漫长而孤独的岁月里，想起来必觉得温暖。

可惜黄素琼不习惯这种家常的表达，就像张子静小时候，她逼着他和张爱玲吃牛油拌土豆一样。她只讲究营养搭配，至于味道如何，则不在她的关注范围内，难道她所向往的西方人都是这样一板一眼地生活的吗？

张子静也曾请求母亲留下来，找一个房子，跟姐姐和他共同生活。黄素琼淡漠地说："上海的环境太脏，我住不惯，还是国外的环境比较干净，不打算回来定居了。"

上海的"滚滚红尘"隔开了母子亲情，1948年，黄素琼再次离开上海，1957年，病逝在英国。

她的这份洁癖，遗传给了张爱玲。1952年，张爱玲离开上海来到香港，打算从这里去美国，行前，不知道是不凑巧还是基于安全考虑，张爱玲没有告诉弟弟。某日张子静一如往常地来看望姐姐，姑姑拉开门，对他说，你姐姐已经走了，然后就把门关上了。

张子静走下楼，忍不住哭了起来。街上来来往往的人，都穿着新时代的人民装，他被不愿意穿人民装的姐姐抛弃了，他的悲痛是多么空洞。在热闹的人流中，在长大成人之后，他猝不及防地，又做了一次弃儿。

张爱玲对于弟弟是有感情的，黄素琼对这个儿子，也不能说没有爱，这些都不是问题,问题在于,爱又如何? 她们把自身的清洁,看得比感情更重。因为感情里会有他人的气味,有一点点的污秽感,当她们发现那黏叽叽湿乎乎的"雾数"可能打这里上身,马上就步步为营地凛然避开了。

张子静贴不上她们,只好转过头,还去找父亲和继母。孙用蕃是比黄素琼、张爱玲她们庸俗,但庸俗的人,对距离不敏感。

张子静跟着父亲和继母过了很多年,中间亦问题多多。比如说张志沂对自己慷慨,对儿子却吝啬至极,加上经济状况江河日下,他为了省钱,干脆不提为儿子娶亲之事。非但如此,有次张子静从扬州回上海出差,张志沂看他带了许多出差经费,就以保管为名要了过来。过了一些日子,张子静找他要,他竟然若无其事地说,已经花掉了呀!

倒是孙用蕃还有点人情味。张志沂去世后分遗产,孙用蕃将青岛房租的十分之三分给张子静,怕他不同意,特地问他有没有意见。张子静说没有,他有工资,虽然微薄,不能奉养她,但至少不想动父亲留给她的钱。孙用蕃听后很是欣慰,说这些钱存在我这里,以后我走了还是会留给你的。像是面子上的话,但她拿张子静当继承人是真心的,即便是那样一份微薄的遗产。

新中国成立后,张子静在上海人民银行干过一阵子,后来改行做中学教师,教语文和英语,常年在郊区学校生活。不过,孙用蕃这里,仍然被他视为落叶归根之所。孙用蕃一度想与她弟弟同住,将十四平方米的小屋换成大一点的房子,让她弟弟做户主,遭到张子静的激烈反对,因为这么一来,他退休就没法儿回到上海市区了。

孙用蕃的弟弟很不悦,指责张子静不孝,但也知道他说的是实情,就此罢休。不久张子静的户口迁回市区,落在了孙用蕃的户口簿上。

经历了那么多人世风雨之后,孙用蕃和张子静这两人在某种意义上,算是相依为命。他们一直离得太近,难免会相互扎伤,可是疼痛也能证明自己不是孤单单地存活在世间。是要这不洁的带着气味皮屑的细琐烦恼，还是要那赤条条来去无牵挂的空旷与清洁？张子静没有资本选，命运替他锁定前者。

1986年，孙用蕃也去世了，寂寞中的张子静，唯有从报纸上追寻姐姐的一点儿音讯。1988年，有消息误传张爱玲也已去世，张子静忙去侨办打听，终于辗转和张爱玲联系上。张子静给姐姐写了一封信，恢复了与张爱玲的通信往来。

在他口述的那本书里，有张爱玲的一封回信，其中有这样的句子，"没有能力帮你的忙，是真觉得惭愧"，又说到"其实我也勉强够过"。我怀疑张子静的信里可能曾向张爱玲求助，在香港，宋以朗先生给我看了张子静写给姐姐那封信。信里说，他找了一个对象，想要结婚。但他没有房子，虽然对方并不介意这点，可他总觉得不太好，希望能得到姐姐的帮助。

张爱玲说她也是刚刚够，但宋以朗提供的清单表明，在她去世的前一年，存款与投资加在一起有三十多万美元。张子静给她写信就在之前的两三年，张爱玲是有能力帮他的。

我问宋以朗，张爱玲本人开销很少，也不买车买房，为什么她不愿意帮弟弟一下呢？

宋先生耸肩，摊手，微笑，说："我不知道。"又说，"我知道她曾考虑过给姑姑一些钱，还曾和我父亲商议给多少比较合适。给多了，怕政府清算，给少了，又觉得没意义，后来作罢。我不知道她为什么没有考虑过帮助弟弟一下。"

虽然张子静说，女方不在意他的财产，但最后这个婚也没结成。张子静的晚年，是在孙用蕃留给他的那间十四平方米的小屋里度过的，从继母手中接过来的这份"遗产"，让他最终有了个栖身之所。将这事实本身与张爱玲的冷淡对照，再想当年张爱玲为弟弟不平的那些文字，怎不让人感慨系之？

因为受到误传的姐姐去世的消息的触动，张子静想到，姐姐长期独居，万一她身患急病需要救治，谁能适时伸出援手？而自己情况不也相近？从那之后，他白天都把小屋的门开着，邻居进进出出，路过都会探一下头。

不知道张爱玲有没有这种恐惧？就算有，她也不会把门打开。到了晚年，她的精神洁癖愈加严重，相对于清洁宁静，生死都是小事。1995年9月，张爱玲意识到自己的生命将要走到尽头，她没有和任何人联系，把重要的文件都装进手提包，放到门边容易被发现的地方，安然等待死亡的到来，几天后，她在睡梦中去世。

张子静在大洋这边得到消息，大脑一片空白，他找出姐姐的书，一翻就是那篇《弟弟》。重温那些熟悉的文字，他的眼泪终于落了下来。"'很美'的我，已经年老；'没志气'的我，庸碌大半生，仍是一个凡夫。父母生我们姐弟二人，如今只余我残存人世了。"

他口述了关于张爱玲的一些往事，言语间不提自己曾受到的伤害。虽然姐姐同他这个弟弟疏于音问，张子静亦理解地说："我了解她的个性和晚年生活的难处，对她只有想念，没有抱怨。不管世事如何幻变，我和她总是同血缘、亲手足，这种根底是永世不能改变的。"

我知道他说姐姐那些事，和当年对姐姐说家族事，以及对堂哥说"家门之玷"有异曲同工之处，他在意这个终于可以跟人说点儿什么的机会。但他的天性依旧是温厚的。他这一生都温厚而平庸，作为一个配角穿梭在亲人的生命之中。

就在张爱玲去世的第二年，张子静去世，没有文字描述他去世时的情形，希望不会像他姐姐那么冷清，因为，他是一个有点儿怕冷的人，他一直在朝温暖凑近。

读张

1 《色·戒》

表演欲是一件很危险的事

面对人世的虚无，不无痛苦地接受是一种选择，给自己搭建一个舞台，不管能不能找到搭档，挥着水袖，把独角戏演下去也是一种选择。王佳芝只能这么选择。

我们这里讲的是小说《色·戒》而不是电影《色·戒》。电影《色·戒》里所呈现的，可能正是小说《色·戒》里所嘲笑的。

小说《色·戒》里讲的不是革命，也不是爱情，它说的，是一个普通人想要不朽，却总是试图选择捷径，因此难免失败的故事。

当年《色·戒》刚发表时，有笔名为"域外人"者曾批评《色·戒》"对她爱国动机全无一字交代"。问题是，王佳芝本来就不是爱国者，电影里说是因为王佳芝看到生灵涂炭，正义感陡生。这确实是很多爱国人士奋起的初衷，但王佳芝和她的同学们并非如此。

张爱玲说他们本来就是玩票，"羊毛玩票入了迷，捧角拜师，自组票社彩排，也会倾家荡产。业余的特工一不小心，连命都送掉"。他们原本是岭大学生，因战事流落到香港，借用港大教室。"上课下课挤得黑压压的，挨挨蹭蹭，半天才通过，十分不便，不免有寄人篱下之感。"换言之，如果教室足够大，条件足够好，他们是不是就可以安居乐业了呢？

另外，香港人对于政治不怎么关心的态度，也让他们生出对抗性激愤，作为流亡学生，他们的磨难没有受到重视。

总之，和大多数爱国志士不同，他们革命并非心怀天下，而是出自小我的委屈。上了个价值，把这种委屈当成流亡学生的悲情，一下子就很有情怀了。

这都是人之常情，但偏巧听说汪精卫一行人到了香港，他们有个关系能联系上其中一位易先生，就想设个美人计，把他钓出来弄死。美人，"当然由学校里的当家花旦担任"。这一段叙述得顺滑，"当然"二字观之可骇。

暗杀汉奸不是做游戏，多少需要点专业性，深入虎穴的"美人"，不是长得美就可以了，要有个起码的心理建设和训练吧。但在这些不知深浅的学生眼里，就是一场演出，照着戏台上的套路去演就可以，至于遇挫失手的可能性，他们想都没想过。包括被指定的"美人"王佳芝。

王佳芝是学校剧社当家花旦，长得好看，总在爱国历史剧里演女主角。她热爱舞台，在台上慷慨激昂，下了台依然兴奋得松弛不下来，"大家吃了宵夜才散，她还不肯回去，与两个女同学乘双层电车游车河"。她需要观众。她喜欢聚光灯下的人生，华丽、梦幻、激烈，有被完成感。现在，舞台与现实衔接在一起，大家公推她做主角，她当然在所不辞。这明显不是爱国情怀，而是去更大舞台展现自我的激情，她也没想过风险，可能也是人生太过顺利使然。

大家给王佳芝的人设是少奶奶，让她先去接近易太太，当导游，作为熟客陪易太太买衣服。为什么要是少奶奶呢？因为女学生太激烈，老易会有戒心，少奶奶会消解他的防范心。这个草台班子倒也略有江湖经验。

他们运气不错，没多久，老易私下里给王佳芝打来电话。首战告捷，大家都很振奋，王佳芝尤其兴奋，感觉如同"一次空前成功的演出，下了台还没下妆，自己都觉得顾盼间光艳照人。她舍不得他们走，恨不得再到哪里去。已经下半夜了，邝裕民他们又不跳舞，找那种通宵营业的小馆子去吃及第粥也好，在毛毛雨里老远一路走回来，疯到天亮"。

这是她的高光时刻，她不再只是一个漂亮女生，而是即将成为美丽的女英雄，像小说电影里的那些角色，要在历史上留下光辉的一笔。

然而，这种飞翔般的体验终究要降落于现实之上，王佳芝立即要面对一个现实：她必须做出牺牲了。她的人设是少奶奶，就不可能是个处女，她要解决这个问题，就得在和老易之前交付出自己的第一次。

王佳芝有心仪的对象，同学邝裕民，只是，这种心仪淡淡的，一贯被追求的她，不可能主动向邝裕民表白。同学们更倾向于那个梁闰生，因为他嫖过，有经验。这听起来荒唐，但是，"今天晚上，浴在舞台照明的余辉里，连梁闰生都不十分讨厌了。大家仿佛看出来，一个个都溜了，就剩下梁闰生。于是戏继续演下去"。

就当成演戏，为下一场大戏做必需的铺垫吧，和这个人人都知道他嫖过的梁闰生的亲密关系也变得可以忍耐了。不愉快的体验，即将被伟大事业覆盖，像一颗曾经让她不舒服的石子，被她踩过。

她和梁闰生铺垫完了，老易那边却没动静。接下来的两个礼拜异常煎熬，"易太太欢天喜地打电话来辞行，十分抱歉走得匆忙，来不及见面了"。

电影里，汤唯这场戏演得很好，嘴唇瞬间失血，不用说什么就已经口干舌燥，徒劳地想要遮挽，却也知道这遮挽的无力。在小说里，是言简意赅的一句话："我傻，反正就是我傻。"昔日同仁，全傻了眼。这算什么呢？尤其是对王佳芝，这算什么呢？

"都知道她是懊悔了，也都躲着她，在一起商量的时候都不正眼看她。"王佳芝甚至怀疑这是有人存心害她，"大家起哄捧她出马的时候，就已经有人别具用心了"。有很久她都不确定有没有染上什么脏病。

王佳芝没有坚定信念，没有钢铁铸就的灵魂，只是脑子一热，踏上这条路途。她也就无法正视牺牲，迫不及待地要用成功来刷新。然而现在成功的可能已经破碎，她的牺牲，不过是自取其辱。

不成功，也未必就能成仁，像是戏台上慷慨豪情演到半中间忽然停了电，惨淡光影中，看清大家都有一张寻常到可怖的脸。

珍珠港事变后，王佳芝和她的同学们回到上海，到此她已是心意阑珊，然而一个地下工作者听说他们曾经有这样一个线索，鼓励他们继续进行，王佳芝也"义不容辞"。

小说中说："事实是，每次跟老易在一起都像洗了个热水澡，把积郁都冲掉了，因为一切都有了个目的。"这是非常重要的一句话，写批评的那位"域外人"也表示不理解："我未干过间谍工作，无从揣摩女间谍的心理状态。但和从事特工的汉奸在一起，会像'洗了个热水澡'一样，把'积郁都冲掉了'，实在令人匪夷所思。"他以为"把积郁冲掉"是暗示王佳芝是色情狂，夸大性的力量，电影里倒是有点这个意思。

但小说里的，"把积郁都冲掉了"，不过是说，"她的童贞没有白白牺牲"，伟大事业接上了，她当年的牺牲有了价值，一切都有了个目的。她不再是同学们笑话的傻子，重新踏上不朽之路。

她一步步引老易入彀，直到以让他给自己买戒指的名义，把他带入某个珠宝店，暗杀他的人埋伏在店铺旁。

这之前有个细节，王佳芝在咖啡馆里等老易时："一种失败的预感，像丝袜上一道裂痕，阴凉的在腿肚子上悄悄往上爬。"这是因为她紧张，同时她对于成功没有底气，她的革命行动本来就没有支撑，越是靠近成功，越觉得不真实。

然后就有了最戏剧化的那一幕，她和老易在灯下看珠宝，王佳芝临阵反戈，对老易说："快走！"

电影中的铺垫是王佳芝早已对易先生产生感情，小说里并不是这样。王佳芝所以会在关键时刻，放掉老易，是因为她忽然间入了戏，以为老易真的爱着自己。

舍不得给太太买的钻戒，现在买给了她，珠宝店里的灯光更让她起错觉："他的侧影迎着台灯，目光下视，睫毛像米色的蛾翅，歇落在瘦瘦的面颊上，在她看来是一种温柔怜惜的神气。""这个人是真爱我的，她突然想，心下轰然一声，若有所失。"

那么老易温柔怜惜的笑容，真的是出于对王佳芝的爱吗？非也非也，小说里说，他"想不到中年以后还有这样的奇遇。当然也是权势的魔力。那倒还犹可，他的权力与他本人多少是分不开的。对女人，礼也是非送不可的，不过送早了就像是看不起她。明知是这么回事，不让他自我陶醉一下，不免怃然"。太讽刺了有没有？男人的自恋，被女人理解成爱怜。

她顷刻间放弃即将达成的功业，将自己置身于危险地步，低声对这个男人说："快走！"老易立即就明白了，逃到安全地带之后，他下了个命令，将那一带马路封锁，把王佳芝他们这一伙人都抓住了，不到十点，"统统枪毙了"。"统统"意味着"无差别"，老易处理这件事的时候，并没有将王佳芝区别对待。高度地保证自身安全是他的第一需要，不过，接下来，老易想到居然能遇到这样一位红粉知己，就忍不住要微笑起来，明知道王佳芝刚刚死掉。

与其说老易爱王佳芝，不如说，王佳芝强行想象他爱自己。这也是艾略特所说的"'包法利主义'——偏要把事物看成另外一种事物的人类的意愿"："在悲剧性的紧张关头，为鼓起自己的劲头来，逃避现实，于是出于'人性的动机'，采取一种'自我表演'的手法'把自己戏剧化地衬托在他的环境里，这样就成功地把自己转变为一个令人感动的悲剧人物'。"

王佳芝就是试图用爱情点燃自己。电影《尼罗河上的惨案》结尾，大侦探波洛引用了莫里哀的一句话："女人最大的心愿，是叫人爱她。"这个心愿并非因为女人是更多情的种类，而是，在过去的时代里，女人能够成就自我的方式太少。

老易却得意于自己的"被爱":"他觉得她的影子会永远依傍他,安慰他。虽然她恨他,她最后对他的感情强烈到是什么感情都不相干了,只是有感情。他们是原始的猎人与猎物的关系,虎与伥的关系,最终极的占有。她这才生是他的人,死是他的鬼。"

两个人倒是有些共同之处,都喜欢想象自己是被爱的,以此自我成就。只不过,被爱,是老易人生里的一件事,却是王佳芝的全部,一个关于爱的想象,让她万劫不复。

在王佳芝短暂的一生里,我们可以读到很多:第一,表演欲是一件很危险的事,观众没入戏,你自己先入了戏,宛转蛾眉马前死,自己演得荡气回肠,观众可能只有一脸蒙。第二,自我成就需要耐心,来不得一点儿虚荣,成为你能够成为的人,而不是演你希望成为的人。这可以让你更安全不说,也不会因为看到光明背后的阴影而失悔不迭。第三,有一种诱捕以"真爱"为名。王佳芝对老易说"快走"时,差不多就是小人鱼付出自己美丽的歌喉,将长尾变成疼痛的双脚的那个时刻。差别在于,小人鱼对王子有真爱,王佳芝爱的不是老易,而是她想象中他的"爱"。

小说里嘲弄的意味很足了。然而水晶说:"王佳芝的死,是介乎悲剧与嘲弄之间。本来悲剧与嘲弄,就很难界说得清楚。但是就事论事,王佳芝在最后生死之间,有所选择,她是她自己命运的主人。"

这话也不能说不对,面对人世的虚无,不无痛苦地接受是一种选择,给自己搭建一个舞台,不管能不能找到搭档,挥着水袖,把独角戏演下去也是一种选择。王佳芝只能这么选择。

讽刺的是,这个故事变成电影之后,在银幕上以"真爱"打动了许多人……当然,不打出"真爱"的旗号,无法招揽观众。所以,小说《色·戒》是张爱玲的,电影《色·戒》是李安的。

2 《第一炉香》

清醒地沉沦

她是如此平凡的一个人,不比别人更机智或者更坚毅,却以为能刀尖上舔血,做一朵出污泥而不染的白莲花,这种莫名的自信害了她。

放在今天，葛薇龙很容易被当成恋爱脑，"为君一日恩，误妾百年身"，为一个浪子沦落风尘。

但葛薇龙的悲剧始于认识乔琪吗？如果只是因为遇到什么人，就此改变命运走向，这种原本可以避免的悲剧没有普适性。

葛薇龙的故事让人触动，是因为悲剧因子早就在那里，不过是被她遇上的人与事触发。从她决定请姑姑做她的天使投资人的那一刻，她的方向已经出现偏差，她的恋爱，是这多米诺骨牌上的一环。

她是如此平凡的一个人，不比别人更机智或者更坚毅，却以为能刀尖上舔血，做一朵出污泥而不染的白莲花，这种莫名的自信害了她。

但是，谁能够完全清醒地认识自己呢？谁在上头时候，依然能够不把"I want"当成"I can"呢？把葛薇龙当成一面人性的镜子，也许能从这部小说里收获更多。

先来看小说，小说一开头，葛薇龙决定找姑姑借钱，但她并没有见过她姑姑。

她和家人原本住在上海，为躲避战事搬来香港。两年后，家人看上海渐渐太平，在香港吃穿用度费用也太大，打算搬回去。葛薇龙已在此地读了两年书，回上海的话这两年的工夫白费了，父母没有让她单独留下的预算，她就想起同在香港的那位有钱的姑姑来。

当年姑姑为了钱，嫁给姓梁的有钱老头做妾。婚后也没安生，弄出很多流言蜚语，让虽败落但清高的娘家面上无光，视她为危险人物，就算举家搬来香港，也不曾与她走动。

怎么说呢，舆论确实对女性更加严苛，再退一步说，就算梁太太拜金且私生活不检点，不妨碍她资助葛薇龙。说不定她正想捐这个门槛，也是成人之美了。不是还有个说法，叫作"风尘之中必有性情之人"吗？保不齐梁太太就是那个性情中人。

不排除存在这种可能，但是，如果不打算参考社会风评，是不是自己也应该观察一下，姑姑到底是啥人。但葛薇龙直接省略这个环节，认定梁太太名声不好是小人羡慕嫉妒恨编派寡妇。

这就有点像尤二姐初见王熙凤，人人都说二奶奶不择手段很可怕，她只当是下人诽谤主子。是她很傻很天真吗？当然不是，她太想进荣国府了，要是认定王熙凤不是个吃素的，难免要踟蹰，索性装瞎。

但梁太太还不如王熙凤，懒得演给葛薇龙看。葛薇龙见她不过一刻钟，已经看懂姑姑是要"在她自己的小天地里，留住了满清末年的淫逸空气，关起门来做小型慈禧太后"。只是美人迟暮，年老力绌，她需要年轻女孩帮她钓来新欢，或者留住旧爱。她一手调教的丫鬟不听话，葛薇龙来得正是时候。

葛薇龙也不比尤二姐，她是有选择的。她已经知道姑姑这里的现实是如此地肮脏、复杂、不可理喻，她可以就此止步，但她不肯。想着她们总是姑侄，姑姑会被面子拘住，"只要我行得正，立得正，不怕她不以礼相待。外头人说闲话，尽他们说去，我念我的书"。

呵呵，梁太太要是能被你一个小丫头拿住，也没有今天这番"作为"了。况且，"行得正，立得正"几个字说起来容易，做到却常常要咬碎银牙。葛薇龙要真是个拒腐蚀永不沾的人，也不会不知深浅跑上门来。她就那么不了解自己吗?

入住姑姑家的第一晚,葛薇龙看到一柜子华服:"家常的织锦袍子,纱的,绸的,软缎的,短外套,长外套,海滩上用的披风,睡衣,浴衣,夜礼服,喝鸡尾酒的下午服,在家见客穿的半正式的晚餐服,色色俱全……"葛薇龙懂了,把衣服"向凳上一抛,人也就膝盖一软,在床上坐下了,脸上一阵一阵的发热,低声道:'这跟长三堂子里买进一个讨人,有什么分别?'"长三堂子是妓院,给她置办衣服,是指望她招揽男人,姑姑的生意算是开张了。葛薇龙起初是抗拒的。"坐了一会,又站起身来把衣服一件一件重新挂在衣架上。"但是怎么抗拒得了。闭上眼"便恍惚在那里试衣服,试了一件又一件,毛织品,毛茸茸的像富于挑拨性的爵士乐;厚沉沉的丝绒,像忧郁的古典化的歌剧主题歌;柔滑的软缎,像《蓝色的多瑙河》,凉阴阴地匝着人,流遍了全身。"

衣服里有一个诱人的新世界。葛薇龙对自己说,"看看也好",说了一次,又说一次。但世上有多少险恶,源于"看看也好"。你以为你只是探个头,却不知探出来容易缩回去难,一露头,就没了魂魄。

张爱玲在《倾城之恋》里说了,人是做不了自己的主的。葛薇龙偏偏就认为,她能够出入自由。

她打扮得漂漂亮亮的出去交际,她是诱饵,也是鱼鹰,钓到赏心悦目的男同学,带回家交给姑姑享受。按照这个流程,她和梁太太也算各取所需。然而看到男同学被梁太太接管了,薇龙心里还会一个劲儿冒酸水。这就不对了,拿人钱财,帮人干活,还想吃回扣咋的?

贪婪是葛薇龙的软肋,她既要梁太太的钱,又要她钓来的男人不上梁太太的钩。不能如愿,心里就有个缺口,然后便冒出个乔琪,不偏不倚填上这个缺口。

乔琪这人没啥长处，出了名的浪荡子。正因为是浪荡子，才不会像单纯的卢兆麟变成梁太太的猎物。梁太太起初派丫鬟去钓他，他把丫鬟搞到手，却不赴梁太太设的局，把她气得七荤八素，列入宴请的黑名单。

这是一个梁太太都啃不动的硬茬，因此在葛薇龙眼中有了光环。然而乔琪打败梁太太，是因为他内心更加黑暗冷酷，百无禁忌，才能举重若轻。葛薇龙却想象自己能有让百炼钢化绕指柔的本事，作为救赎者，带乔琪过上道德的生活。

她很文艺腔地想：乔琪不肯好好地做人，他太聪明了，他的人生观太消极，他周围的人没有能懂得他的……幸而现在他还年轻，只要他的妻子爱他，并且相信他，他什么事不能做？即使他没有钱，香港的三教九流各种机关都有乔家的熟人，不怕没有活路可走。

凡事都朝坏里想固然不太好，凡事都往好里想，也是自不量力。葛薇龙头脑变得这么不清醒，不只是为情所误。乔琪说："你这样为你姑妈利用着，到底是为谁辛苦为谁忙呢？你疲倦了，憔悴了的时候，你想她还会留下你么？薇龙，你累了。你需要一点快乐。"鱼鹰的生涯是反人性的，跟人性的搏斗确实是太大的消耗，但是谁让她走到这一步呢？是她一开始妄想自己能够"行得正立得正"。

人定也许可以胜天，但人定何其难。何况葛薇龙的初心也在被摧毁，像丫鬟睨儿说的："大学毕业生还找不到事呢！事也有，一个月五六十块，在修道院办的小学堂里教书，净受外国尼姑的气。"

至于嫁人，她也曾认为即便她从姑姑这里出去后，能够遇到懂得她信任她的人。真的能遇到吗？社会对女性的包容度从来都是有限的，看尤三姐和柳湘莲的一场孽缘就知道了。

一步错，步步错，葛薇龙在这里见惯了繁华，已经没有回头路。经历过激烈的情感，对平淡生活失去兴致。就像开车，方向盘错了一点点，路径就会偏移太多。而这些错，都是由顺理成章的一步步积攒而成的。

后路已断，葛薇龙掉进她自己帮着挖的坑里，只能哭着原谅乔琪。那边乔琪倒是有些犹豫，他原本想娶个白富美。梁太太劝他说："真是几千万家财的人家出身的女孩子，骄纵惯了的，哪里会像薇龙这么好说话？处处地方你不免受了拘束。你要钱的目的原是玩，玩得不痛快，要钱做什么？当然，过了七八年，薇龙的收入想必大为减色。等她不能挣钱养家了，你尽可以离婚。在英国的法律上，离婚是相当困难的，唯一的合法的理由是犯奸。你要抓到对方犯奸的证据，那还不容易？"

一番话说得乔琪心悦诚服。书中说："订婚那天，司徒协送了一份隆重的贺礼不算，连乔琪的父亲乔诚爵士也送了薇龙一只白金嵌钻手表。薇龙上门去拜谢，老头儿一高兴，又给她买了一件玄狐披风。又怕梁太太多了心去，买了一件白狐的送了梁太太。"

乔诚爵士送儿媳妇玄狐披风为什么还怕她姑姑多心？玄狐与白狐，是不是左拥右抱的暗示。葛薇龙的处境，不比同时应付贾珍、贾蓉父子的尤氏姐妹更好，她要想弄到更多钱，还要应付更多人。而她的下场，梁太太已经讲得很明白了。乔琪固然对她有一点心疼，也不多。她没有用的时候，他不会心软。

葛薇龙第一次从姑姑家出来时，回头看那豪宅，就觉得自己是《聊斋志异》里的书生，上山去探亲出来之后，转眼间那贵家宅第已经化成一座大坟。她明明知道从此后步步惊心，却还妄想着达到目的后全身而退。王尔德曾说，我能抵挡一切，诱惑除外。作为普通人的葛薇龙，没有王尔德的自知。

3 《半生缘》

顾曼桢被放弃的一生，和她的不自弃

一旦风云际会,碰上风起云涌的新时代,一无所有的她们,比男性更加能够接受新鲜事物,成为跟时代步调一致的新人。

张爱玲以擅长呈现人性灰暗的一面著称，书中人物灵活地迂回于现实之中，随时准备妥协。如傅雷所言：明知挣扎无益，便不挣扎了。执着也是徒然，便舍弃了。

《半生缘》却是个例外，在张爱玲描绘出的民国女子肖像中，《半生缘》的主人公顾曼桢并非天生丽质，但她从不自弃，在时刻准备妥协的大多数中，只有她，坎坷但忠实于内心地活着。

张爱玲本人也非常重视这部小说，修改时间跨越十八年。巧的是，1950年，它正是以《十八春》为标题在《亦报》上连载，当时张爱玲不想引人注目，用了梁京这个笔名。1966年，张爱玲已经来到美国，对于结尾，进行了大幅度的删改，将标题改作《半生缘》，1968年，在《皇冠》杂志上进行连载。

1997年，《半生缘》被许鞍华导演搬上银幕，引起极大轰动。吴倩莲饰演顾曼桢，黎明饰演沈世钧，梅艳芳饰演顾曼璐，以及葛优饰演祝鸿才，王志文饰演张豫瑾，都是当时的不二之选。很多观众也是经由这部电影，对张爱玲有所认知，逐渐成为铁杆张迷。顾曼桢从作者珍爱的人物，成为读者珍爱的人物。

1……被放弃的顾曼桢的一生

有句话叫作："世上无难事，只要肯放弃"，听上去很荒诞，却是普通人默默奉行的宗旨。放弃自我，放弃真爱，不知不觉就放弃了一生。

好人，常常是被放弃的那个，因为太好，想不到制衡之道，放弃她不会有任何危险。像小说里的顾曼桢，她和亲人至爱颠簸在命运的海洋上，身边人不约而同丢下她，任她在漩涡里挣扎，他们乘船远去。但是到最后，很难说得救的是谁，人是要自己成全自己的。

故事背景是民国时期的上海，曼桢的父亲去世得早，寡母拉扯着一堆孩子。姐姐曼璐做舞女养活一家人，他们虽然生计艰难，却也骨肉相惜。曼璐对曼桢尤其珍视，害怕自己名声不佳，影响她的未来。

曼璐想要嫁人，一则可以和家里切割开，二来她也到了要从良上岸的时候。但良人难遇，曼桢说姐姐为人忠厚，换言之就是不够有心机，没攒下备胎。门庭逐渐冷落之后，她不得不考虑那个长相猥琐也没什么钱的祝鸿才。

祝鸿才长啥样呢？曼桢弟弟形容他笑起来像猫，不笑像老鼠，这个角色在电影里由葛优扮演，他出场时的一笑，把这句形容演绎到十分。曼璐原本看不上他，但他是曼璐手中仅有的一张牌，曼璐便舍他其谁地嫁给了他。

算命的曾说曼璐有帮夫命，祝鸿才真的就靠做投机生意发了财。但他并不知恩图报，整个人抖擞起来，成天在外面鬼混，曾经让他神魂颠倒的曼璐，成了他看到就厌烦的狗皮膏药。曼璐担心自己会成为弃妇，要想办法拴住这个男人。祝鸿才的野心直指曼桢，曼璐当然不同意，她牺牲自己，不就是希望家里人过得好些吗？在曼璐母亲看来，曼璐婚姻最大问题是没有孩子，但曼璐此前的风尘生涯，让她丧失了生育能力。母亲建议她"借个肚子"，曼璐起初听着只觉得落伍，但回到家，看到祝鸿才对她大甩脸子、发飙后扬长而去，恐惧中的她忽然若有所思了。她想借曼桢的肚子，"一来是鸿才自己看中的，二来到底是自己妹妹，容易控制些"。她也觉得自己疯了，但是心里的毒蛇一旦爬出来，就回不去了。

极限处境，会让人变得面目全非，曼璐的溃败，也是因为她内心亦有牺牲者的委屈。虽然曼桢也处处维护姐姐，姐姐嫁人后，她一个人打几份工，担起养家重担，让姐姐不用贴补娘家，在祝鸿才面前讲话硬气点，但在曼璐心里，这些还不够。

"下海"是曼璐自己的选择没错，但是回到当初，是不是也因母亲的泪眼所迫？母亲要留在上海，指望她供弟妹读书，要过曾经那样有前途有未来的生活，对于她的付出，也就默认了。

书中对母亲的描画很简略，却也不动声色地写出她的自私。她对世钧翻脸如翻书。张豫瑾一来，她认定他是曼桢良配，嫌世钧挡了道，对他冷若冰霜。张豫瑾这头一没消息，她对世钧也换了一张脸。

她明知道曼璐当年和豫瑾曾订过婚，而且互相爱慕，还把豫瑾和曼桢的事情"一五一十"说给她听，一点顾忌也没有。因为曼璐自己已经嫁了人，而且"嫁得这样好，飞黄腾达的"。她明知道曼璐过得苦，但是有钱啊，有钱不就什么都有了？曼璐"又惊又气，最气的就是她母亲那种口吻，就好像是长辈与长辈之间，在那里讨论下一代的婚事。好像她是个局外人，这桩事情完全与她无关"。她的牺牲，原来母亲并不当回事。

曼璐的恶意，很大程度上是被她母亲激起的。若不是她母亲如此得意，曼璐对豫瑾和曼桢的这段关系原不怎么知情，被豫瑾冷落后，也不会把账都记到曼桢头上。书中写道："曼璐的一生已经完了，所剩下的只有她从前和豫瑾的一些事迹，虽然凄楚，可是很有回味的。但是给她妹妹这样一来，这一点回忆已经给糟蹋了，变成一堆刺心的东西，碰都不能碰，一想起来就觉得刺心。"曼桢对自己说："我没有错待她呀，她这样恩将仇报。不想想从前，我都是为了谁，出卖了我的青春。要不是为了他们，我早和豫瑾结婚了。我真傻，真傻。"她沮丧得痛哭了一场。

她终于攒足了出卖曼桢的理由。

曼璐谎称有病由将曼桢骗到家中，深夜，祝鸿才强奸了曼桢。曼桢反抗得太激烈，被囚禁在大宅中。这个情节里有张爱玲的人生经验，她十几岁时被父亲关在家中过，有些描述可能就是她当年的经历。

张爱玲写道："花园里有一棵紫荆花，枯藤似的枝干在寒风中摇摆着。她忽然想起小时候听人家说，紫荆花底下有鬼的。不知道为什么这样说，但是，也许就因为有这样一句话，总觉得紫荆花看上去有一种阴森之感。她要是死在这里，这紫荆花下一定有她的鬼魂吧？"

被全世界放弃的人，是会这样无声无息地死去的。继姐姐之后，曼桢的母亲也放弃了她。曼璐告诉顾太太，曼桢被祝鸿才强奸了。顾太太一开始也很着急，说你妹妹已经有了人家啊。她怕世钧不要曼桢，女儿砸手里了。听到祝鸿才答应跟曼桢正式结婚，立即觉得也是一个办法，反倒怕委屈了曼璐。曼璐建议他们全家暂时搬离上海，防止沈世钧来追问曼桢的下落，顾太太也是言听计从。

这一路放弃可谓行云流水，固然是因为她老脑筋外加没主意，但顾太太也有自己的打算。曼璐许诺将来让大弟弟出国留学，又说"妈吃了这么些年的苦，也该享享福了，以后你跟我过，我可不许你再洗衣服做饭了……"这一席话说得顾太太心里迷迷糊糊的，曼璐当即又给她一大笔钱，张爱玲写道："那种八成旧的钞票，摸上去是温软的，又是那么厚墩墩的方方的一叠。钱这种东西，就是有一种微妙的力量。"

这段话写得太精彩，温软的旧钞票，厚墩墩的，方方的。却有一种力量杀将出来，足以让一个母亲放弃女儿。

曼璐与顾太太放弃曼桢皆是因为有所图。世钧最终对曼桢的放弃，则与他个性里的懦弱苟且有关。

世钧和曼桢的恋情，起初被张爱玲写得非常动人。他们原本是同事，偶然结成了饭搭子，彼此有了好感。书中并没有写曼桢怎样美，另外一个男同事叔惠是个多情种子，对曼桢从未来电过。后来曼桢去世钧家，世钧的嫂子还奇怪眼高于顶的世钧，会看上这个一点也不时髦的姑娘。

张豫瑾喜欢曼桢，一半是因为曼桢身上有曼璐的影子，另一半也是因为他着急要结婚。曼桢拒绝他之后，他飞快地跟别人好上了。至于祝鸿才，更多是被曼桢冷冰冰的清洁气质吸引，曼桢真嫁给他后，他也就看得稀松平常了。

所以曼桢绝不是那种万人迷式的女主角。张爱玲自己也说："书中人力求平凡。照张恨水的规矩，女主角是要描写的，我也减成一两句。"她要压着写，不给曼璐太多光环，写出普通人的可爱。

小说开头写曼桢有一副红色的绒线手套，从后文她给世钧和叔惠都织了毛衣看，她长于针织，这副手套大概也是她的闲暇之作，不值什么钱。但是她很珍惜。和世钧、叔惠他们拍照时，不小心把手套弄丢了，她找了又找，最后确定找不到只好算了时，也有种怅惘。

书中说："曼桢这种地方是近于琐碎而小气，但是世钧多年之后回想起来，她这种地方也还是很可怀念。曼桢有这么个脾气，一样东西一旦属于她了，她总是越看越好，以为它是世界上最好的……他知道，因为他曾经是属于她的。"借《红楼梦》的形容，曼桢这个人，是微善小才，但她对人生有一种敝帚自珍的珍重。

世钧也不是那种青年才俊，他老实木讷，和漂亮活泼的叔惠在一起时，总是被比下去。但他和曼桢，互相知道对方的好，他们的恋爱，是普通人的相知相惜，一种淡淡的喜悦，相互拥有的实在感。

按说这样安分又节制的爱情，在这世间总应该有容身之地，然而它只是美，并没有多少对抗力，因为世钧是个无力者。

电影《半生缘》里，曼璐看到曼桢玻璃下面的合影，说了一句：左边的那人"家底厚"。左边的人就是黎明扮演的世钧，王安忆说曼璐目光锐利："'家底厚'指的不只是有钱，还是有根基……这种'家底厚'的人，往往在外面是随和的，回到自己家里，自然就要上些脾气。他带叔惠回自己家，饭桌上同他妈妈讲话，微微蹙着眉。吃空了碗时等女佣添饭，就露出了尊严……世钧的'木'，其实是包含了大家庭教养的安静的气质，还有一种寂寞的心境。"

寂寞的人很难激越，不爱与人争。他害怕与这世界碰撞，曼桢曾经问他，如果叔惠喜欢自己，他会去争吗？世钧答得有点闪躲，说，我想你应该不是那种希望男人争夺你的女人。曼桢哪里是要他去跟叔惠争，不过是想看他能不能为自己主动一点。

曼桢的直觉不错，他们恋爱时，正是世钧人生里比较重要的一个节点。他本来离开南京，是想离开父母构建的令人窒息的世界，自己打出个天地。

但是尽管他兢兢业业，也无法养活家小，倒是回去继承家业，立即就能保证母亲嫂子丰衣足食。更重要的是，已经有了外室的父亲就会回家，母亲多年心愿得偿。不要用现代眼光怪母亲不独立，只看她欢欢喜喜的样子，做儿子的，不忍心让她落个空欢喜。而日渐衰老的父亲，对他也显示出明显的依赖，只要他回去，全家人就都幸福了。

他无法不纠结。当张豫瑾作为一个追求者出现，被曼桢家人视为更好人选，世钧立即对曼桢的爱情失去信任。也许，他的潜意识里就希望，她没有那么爱他，那么他放弃也会容易一点。另外，他也不相信曼桢能抵抗家庭压力。软弱的人，会推测别人也是软弱的，尽管他被曼桢吸引，多少也是佩服她骨子里的勇毅。

所以在曼桢被囚禁之后，见不到她的世钧，很自然地认为曼桢不再爱他。曼璐把他当初送给曼桢的红宝石戒指还给他，世钧感到奇怪，想："这又不是什么贵重东西，假使非还我不可，就是寄给我也行，也不必这样郑重其事的，还要她姊姊亲手转交，这不是成心气我吗？她不是这样的人哪，我倒不相信，难道一个人变了心，就整个人都变了？"如果世钧沿着这种怀疑追寻下去，曼桢也就得救了。但是，当他要求跟曼桢见一面，被曼璐拒绝之后，他立即又觉得曼桢嫁给了张豫瑾，曼璐也就顺水推舟地假装默认。世钧头也不回地离开了，好像曼桢变心嫁给豫瑾是一件很正常的事。

这样匆促地结束，与其说世钧是被曼桢伤透了心，不如说他害怕面对，非但没有勇气抗争，连质疑的勇气也没有。他接受命运的安排，了断了和曼桢的情感纠葛，和他不喜欢的石翠芝结了婚，选择了他不喜欢的工作，他一路放弃，行云流水，转眼便是中年。

这也是书中大多数人的命运，几乎所有人都将放弃当成常态。比如叔惠和石翠芝，明明两情相悦，但叔惠知道石翠芝家境阔绰，齐大非偶，没有勇气追求她。石翠芝倒是比叔惠更有勇气，在订婚前夕为他退婚，还想过去上海找他，被家里人截了回来。她的勇气在时光中逐渐消磨，最终顺水推舟地嫁给了沈世钧。

叔惠参加了他们的婚礼，喝得酩酊大醉后离去。洞房花烛夜，世钧与石翠芝面面相觑，翠芝那句话问得天真又沉痛："世钧，怎么办？你也不喜欢我。"他们都知道他们是不相爱的，也都知道已经来不及，心中茫茫无主，就像两个闯了祸的小孩。

沈世钧和石翠芝，正如这世上的大多数人，面对命运的洪流节节败退，最后，按照自己不喜欢的方式过了一生。叔惠则去了美国。许多年后，他和翠芝再见，书里这样描写："晚风吹着米黄色厚呢窗帘，像个女人的裙子在风中鼓荡着，亭亭地，姗姗地，像要进来又没进来。窗外的夜色漆黑。那幅长裙老在半空中徘徊着，仿佛随时就要走了，而过门不入，两人看着都若有所失，有此生虚度之感。"

每个人都在兢兢业业地虚度此生。

2⸺不放弃的顾曼桢

曼桢除外，她几乎每一刻，都认真对待自己的生活。

被祝鸿才强奸并囚禁之后，所有人都放弃了她，她独自在曼璐和祝鸿才囚禁她的小屋里负隅顽抗。不幸的是，她的肚子一天天大起来，那个可怕的夜晚，让她怀上了祝鸿才的孩子。

她是趁去医院生孩子时，在同屋产妇的帮助下逃了出去，虽然无依无靠，举目无亲，好在她毕竟是职业女性，靠一双手，也能养活自己。眼看生活就要重新开始，曼璐带着孩子来找她了，说是自己快死了，求曼桢回去嫁给祝鸿才。

女人常常为了孩子而妥协，曼桢却有一种新女性的气概，她坚定地拒绝了姐姐。很快曼璐去世，从前的女佣告诉曼桢，现在孩子过得很不好，带他的仆人两面三刀，背地里简直像个晚娘。曼桢于是也不放心起来。她知道祝鸿才不会把这个孩子给她，便一次次偷偷地到祝家附近探望。有一次，她看到祝家抬出一只小棺材，以为是她的孩子死了，后来发现，是孩子同父异母的姐姐得了猩红热，但她的孩子也被传染上了，发着烧。曼桢跑到祝家，守着孩子，对自己说："只要他好了，我永生永世也不离开他了。"这誓言，让她走投无路地嫁给了祝鸿才。

清洁又倔强的曼桢，终于选择妥协，嫁给了她厌恶憎恨的祝鸿才，这个情节特别令人痛心，因此遭到很多质疑。然而，为人母者，看着孩子身在险境总是不惜赴汤蹈火，孩子是终极软肋。

好在，这种令人痛心的妥协，只是曼桢一时一地的选择，待到她从那种震动中逐渐恢复过来，依然积极地选择自救。她带着孩子离开祝家，花很多钱跟祝鸿才打官司，中间情形书中写得简略，但我们不难想象，曼桢克服了多少困难，才过上了自己想要的生活。

她一个人带着孩子，很不容易，但她始终内心笃定，掌心温暖，整本书里，她是那个活得最像样的人。

然后，她和沈世钧有了一场重逢，在小酒馆里，别后经年，两两相望，曼桢一句："世钧，我们回不去了。"激起多少有情人的极大共鸣，时光滔滔，横亘于你我之间，这是世间最难渡的河流。

只是，此刻走得更远的，其实是世钧，他不只是无法再回到曼桢身边，他也无法再找回当初的自己，相对于曼桢的历经沧桑而初衷不改，世钧实在变了太多。

他对从美国回来的叔惠说，后悔当初没有跟他一起走，现在已经混不出来什么了，又说："要说我们这种生活，实在是无聊。不过总结一下，又仿佛还值得。别的不说，光看这两个孩子，人生不就是这么回事吗？"

这话是振振有词，但若是人生值得，只因拥有了两个孩子，世钧的这一生，也确实太无聊了。难怪叔惠看了他一眼，欲言又止，起码叔惠是逃到了美国，不像世钧，一脚跌入世俗生活的洪流里，变成这样一个疲惫又自得的中年人。

这个时候的世钧，和《白玫瑰与红玫瑰》里的振保，也只是五十步与百步之间。

3 —— 曼桢的身上有张爱玲的影子

张爱玲笔下以女性人物居多，白流苏、曹七巧、王佳芝……张爱玲特别懂女人，不过在大部分小说里，她是一种旁观者的懂得。就像胡兰成所言："爱玲可以与《金瓶梅》里的潘金莲、李瓶儿也知心，但是绝不同情她们，与《红楼梦》里的林黛玉、薛宝钗、凤姐晴雯袭人，乃至赵姨娘等亦知心，但是绝不想要拿她们中的谁来比自己。"

张爱玲写女性，还带有洁癖患者的一种敏锐，她自己太干净了，才能看出这些女性的自私与不聪明，但是曼桢这个人物，身上却有张爱玲自己的影子。

写《十八春》的1950年，张爱玲和导演桑弧正处于一段扯不断理还乱的恋情中，桑弧的温和缄默，跟沈世钧很有相似之处，对于命运的逆来顺受，也如出一辙。

桑弧的父亲早已去世，桑弧在哥哥的照顾下长大，不能不听他的话。这一点，跟世钧的生活状态非常相似。此前张爱玲和胡兰成的关系可谓众所周知，桑弧的家人无法接受。两人关系因此变得暧昧。桑弧帮张爱玲做些拾遗补阙的事，帮她写书评，带她去朋友家，帮她寻找生计。梁京这个笔名也是桑弧帮她拟的，取"西风残照，汉家陵阙"的意境。

同时，他跟别的女子订婚。在《半生缘》里，世钧与曼桢的回不去，多少是因为造化弄人，而桑弧和张爱玲，则是桑弧早早就缴了械，不打算跟命运做任何抗争。

在自传体小说《小团圆》里，九莉知道燕山订了婚，笑着问他，预备什么时候结婚？对方也笑了起来，说，已经结了婚了。于是立刻有条河隔在他们中间汤汤地流着了。

在《半生缘》里，这条河是时间与世事之河，不过，即便不隔着那些往事，世钧和曼桢能够在一起吗？也很难说，毕竟，就在他们相爱时候，他们之间还有其他阻碍，世钧未必能够跨越过去。

无论是《半生缘》里的曼桢和沈世钧，还是《红玫瑰与白玫瑰》里王娇蕊和佟振保，以及《小团圆》里，以张爱玲和桑弧为原型的盛九莉和燕山，都是女人活得更加勇敢，也更能够坚持自我。我觉得，这不仅仅是因为写作者是女人，也跟女性的现实处境有关。

在男权为主导的社会里，女性的处境比较边缘，她们的命运被他人主宰，活得非常被动。但这也使得她们不会像男人那样，总是看到各种希望与机会，很配合地主动将自己异化。在顺从的表面下，她们尚可保留一点边缘者的自我。一旦风云际会，碰上风起云涌的新时代，一无所有的她们，比男性更加能够接受新鲜事物，成为跟时代步调一致的新人。

所以胡兰成说张爱玲是民国女子，"民国"两个字，在这里不只是一个时间概念，还意味着，她不再是旧式女子。但胡兰成是旧式的，正如佟振保和沈世钧是旧式的，即便他们接受了新式教育，他们依然活在旧式的话语体系里，跟这个世界周旋，想要活成最为常规的样子。然而，在这样的路途上，也终会有茫然的一刻，即使得到很多，不曾按照自己心意活过的人生，没有真实的滋味。所以佟振保会用放荡，报复自己的循规蹈矩，而世钧的惆怅，一定来得比曼桢更加深刻，他是双重的"回不去了"。

在这世间，有人能够出走半生归来还是少年，有人却从童年就开始苍老。选择坚持的人，即便沧桑憔悴，也有内在的生机，选择放弃的人，即便油光水滑，内心也明白，自己不过是一副精致的行尸走肉。

这或许就是《半生缘》最大的价值，它的长处不在于故事的千转百折，也不在于爱情的荡气回肠——在这些方面，它都不是特别突出，而在于提供了一个新的看人生的角度。小说中人物的善恶对立，也不是特别尖锐，即便是反面人物祝鸿才，作者也写出了他具有人性的一面。

比如祝鸿才对自己的儿子一向恶声恶气，他情人的女儿却能将祝鸿才视作自己的父亲，将他的呢帽抱在胸前缓缓地旋转，露出一种温柔的神气。曼桢都能够想到，祝鸿才必然对这毫无血缘关系的女孩十分疼爱。她又想到祝鸿才"在自己家里也是很痛苦的吧，倒还是和别人的孩子在一起，也许他能够尝到一点家庭之乐"，嘴边浮起一个淡淡的苦笑。这是曼桢跳出自己的处境，对于人类的一种悲悯，也是作者的大悲悯。祝鸿才的悲剧，也正在于，他不知道自己真正想要的是什么。

另外书中急转处写得也让人信。前面提到翠芝为了叔惠退婚，被她"抛弃"的一鹏转脸和她闺蜜订了婚，只因为她闺蜜文娴说了句："你这个人，聪明起来比谁都聪明，糊涂起来比谁都糊涂。"这句话有神效，前一句聪明指的是本事，后一句糊涂指的是感情，一鹏像是拿镜子一照，可不是咋地，自己这么个聪明人，怎么就没发现，文娴才是真正的知己？

张爱玲一个细节写出一鹏摇头摆尾的德行。另外，看翠芝和世钧在一起时，觉得这女孩好傲慢，看她和叔惠在一起时，马上就能感觉到她的可爱和爱情的理所当然了。

类似这样的精彩细节在书中俯仰可拾，在惆怅的主色调下，亦令人时时会心。

4　《白玫瑰与红玫瑰》

他不曾真的活过

她真的活过,她认真地爱过,并且为这爱,击碎对她来说更加容易的生活方式,决定从此后,按照内心的指引生活。尽管她憔悴了,胖了,俗艳了,也都是这一路挣扎与感受的痕迹,她不枉此生。

《白玫瑰与红玫瑰》里借佟振保的眼睛去看王娇蕊，说她的迷人有着妇人的性感和婴孩的头脑。但她并不是不聪明，只是不爱动脑筋，她凭着本能就能获得生之乐趣，为什么还要思考呢？她婴孩般的任性之下，是一个聪明人的玩世不恭。

　　王娇蕊是华侨，家里送她到英国读书，指望她钓个金龟婿，贪玩的她借着找人的名义在外面玩。"玩了几年，名声渐渐不大好了，这才手忙脚乱地抓了个士洪。"

　　从王娇蕊这句话看，她对丈夫王士洪不怎么样，明确告诉他的朋友佟振保，她选王士洪就是让他接盘的。王士洪未必不明白，但他没法抵抗她的魅力。后来王娇蕊疑似出轨房客，王士洪也只是将房客撵走，转脸还是能跟王娇蕊当众亲昵。没有谁是受虐狂，他只是意志薄弱。王娇蕊心里有数，她自己也是意志薄弱的人，对同类没有同情只有鄙夷。

　　她不爱王士洪，就在外面玩，佟振保问她为什么还没玩够，她的回答是："并不是够不够的问题，一个人，学会了一样本事，总舍不得放着不用。"她把"谋爱"当本事，反正丈夫管不了她。

　　男人都拿她没办法，只能被她虐，偏偏就遇上个佟振保。这个男人能拿下王娇蕊，是因为，他可能不会爱她。

　　佟振保是王士洪的同学，在王士洪把那个让人不放心的房客撵走之后，佟振保租下了他家的空房间。这其实有点讲不通，王娇蕊啥德行王士洪是知道的，怎么敢再让孤男寡女同居一室，就那么差那点租金吗？

书中找补了一点，说佟振保有坐怀不乱的名声，呵呵，当丈夫的，会把另一个男人的名声当成信用保证吗，王士洪不至于天真到这个地步。况且，佟振保得来这个名声，多少用了点心机。

当年在欧洲，佟振保和一个叫玫瑰的女孩谈恋爱，分手前夜，"玫瑰紧紧吊在他颈项上，老是觉得不对劲，换了一个姿势，又换一个姿势，不知道怎样贴得更紧一点才好，恨不得生在他身上，嵌在他身上……他要怎样就怎样……"佟振保还是将她完好地送回家了。"玫瑰到底是个正经人。这种事不是他做的。"

他精于计算，知道，"怎样"了，不过是一夕之欢，放在心里，日后寂寞的时候缅怀一下。不"怎样"，却可以作为一项纪录，拿出去跟人夸口，效益可是大多了。

刘庆邦的小说《到城里去》中，那个妇女便有一个观点，好东西自己吃了，是浪费，送给人家，还落一份人情。一个穷人，是不能把自己的欲望看得太重要的，有限的资源，应该拿出来派大的用场。

"这件事他不大告诉人，但是朋友中没有一个不知道他是个坐怀不乱的柳下惠。他这名声是传出去了。"他也嫖，但这是另一回事。《围城》里那个董斜川把女人看成两类，"或者谑浪玩弄，这是对妓女的风流；或者眼观鼻，鼻观心，不敢平视，这是对朋友内眷的礼貌"。王士洪可能觉得，这个佟振保，也会信守这种界限。

佟振保一开始确实不打算怎么样，这种风流对他而言不划算。但正是他的不打算怎么样，激起了王娇蕊的好奇心和胜负欲。就像她自己说的"我自己也是个没事做的人，偏偏瞧不起没事做的人。我就喜欢在忙人手里如狼似虎地抢下一点时间来——你说这是不是犯贱？"

忙人说的就是佟振保，他真的是太忙了："侍奉母亲，谁都没有他那么周到；提拔兄弟，谁都没有他那么经心；办公，谁都没有他那么火爆认真；待朋友，谁都没有他那么热心，那么义气，克己。"他忙到穷形尽相，因为他如今的一切来之不易。

用现在的话，佟振保是个"凤凰男"。他出身寒微，正常出路是当学徒做店伙计，一辈子在社会底层打转转。但他凭着出色的天分，钢铁般的意志力，从这种命运中挣脱出来，靠读书出了国，留了洋，脱胎换骨。他是奋斗了很多年，才能和王士洪夫妇坐在一起喝杯咖啡的。即便如此，他也无法专注于咖啡的美味，他更在意自己终于拿到上流社会的入场券。

王娇蕊看到他欲念之火总在闪烁，然后被他强力压制下去。她说："你处处克扣你自己，其实你同我一样的是一个贪玩好吃的人。"她的野心是，要凭一己之力，打败他心里那个"对的世界"，证明自己有扭转乾坤的本事。

这次王娇蕊失算了，她过去所以成功，得益于无欲则刚，这次她的胜负欲，就是自己给自己挖的坑。她向来因为太容易成功而漫不经心，这一上心不当紧，她爱上他了。他的寒微，让他令人心疼，他的坚毅，让他具有某种力量感。对于王娇蕊这种因为顺风顺水而产生无聊感的女人，一个凤凰男，可以满足她全部的感情需求，母性的，妻性的，女儿性的。他的来路上拥塞了无尽的艰辛卑微的体验，她也许以为她可以成为他的救赎者，是命运给他的补偿。

这种体验，比她从前的恋爱要刺激得多。因为他是认真活过的人，而王士洪也好，那个漂亮愚蠢的房客也好，他们拿来爱她的生命太单薄。

王娇蕊这次动用了家底，不只是技巧，还有真心。为了让他爱上自己，她居然爱上了他，她的不设防是出于自信，被惯坏的女人，以为只要自己没问题，他那方面就没有问题。王娇蕊于是给出门在外的丈夫写信，提出离婚。

她的举动让佟振保震惊了。

凤凰男虽然出身寒微,但并不妄自菲薄,他的每一样都是很辛苦才赚到的,相对于这些,一个女人不算什么。

玩玩可以,虽然也不太好,不然他一开始不会急切地想躲避,但只要能不落痕迹地退出,也不算太大耗损。结婚怎么可能?那样他的江湖名声就全完了,那一晚,在玫瑰面前的挣扎与坚忍换得的好名声也就此作废了。他不是富家子弟,没有资本走花花公子的路线,人人都知道他是"标准好人",怎么可能为一个女人前功尽弃?

他刚刚上路,做人做得十分兴头,喜欢忙得抬不起头,喜欢把额前披下的一绺子头发往后一推,眼镜后的眼睛熠熠有光,连镜片的边缘也晃着一抹流光,所以他喜欢夏天,那个汗流浃背的工作狂,是他心中的自己。他盘算着,先把职业上的地位提高,有了地位之后他要做一点儿有益社会的事,譬如说,办一所贫寒子弟的工科专门学校,或是在故乡的江湾弄个模范的布厂……

在这样一个完整的体系里,一个不着调的女人的贸然介入,是突兀的。这时,王娇蕊,便不复是可爱的了,她像一块绊脚石,挡住了他通向好人的路。隔着她,他看见了他的寡母,他们曾相依为命,她节衣缩食给在英国的他寄钱,寄包裹,母亲和他对于那光明的前途未来,都有一种眼含热泪的期冀,这些,都与王娇蕊无关。他的世界里还有很多,王娇蕊才进去一半呢。

要和她做个了断了,佟振保让王娇蕊对丈夫说,这些话都是骗他的,只是希望他快点回来。王娇蕊原本还在哭,听了他的话,飞快地站直了身子,诧异自己怎么会弄到这个地步,她找出小镜子,照了照自己的脸,正眼也不瞧他,就此走了。

转脸,佟振保娶了孟烟鹂。孟烟鹂出身普通人家,长得白白净净,宽柔秀丽,看上去正是那种简单的、好控制的、站在男人身后的女人。按说她和佟振保的世界应该是合拍的,但是,佟振保错估了一点,他虽然一心想做个"标准好人",但他的骨子里有"坏人"的因子。又跑了些江湖,见了些世面,尤其是蹚过王娇蕊的惊涛骇浪,他已经变得口味刁钻。

在从前,祭文中的好女子,只要能像堂前的一帧条幅,安稳娴雅地站在那里就够了,没有谁对她们的智商、情致做要求。但佟振保不同,在他对她那一点儿少女的单薄美厌烦了之后,她成了一个很乏味的妇人。

他挑剔她,当着众人的面,毫不留情地斥责她,同时又开始嫖,专挑丰肥性感的女人,找补是一方面,另一方面,他刻意地亵渎着旧日的记忆。是不是这样一来,就告诉自己,红玫瑰们,也不过就是这样一种消费品。

但心里想必还是懊恼的,因为说明还没有放下。这种懊恼在他和王娇蕊偶遇时发展到了极致,他在公交车上遇到她。王娇蕊其实有点儿落魄了,胖了,很憔悴,涂着脂粉,耳上戴着金色俗艳的缅甸佛顶珠环,抱着个孩子,与从前的时髦精致不能同日而语。

可以想象,她既然不肯对王士洪撒谎,也只有离婚了。她在上海举目无亲,说不定连生存都成问题,从窘境里挣扎出来,不伤筋动骨是不可能的。但她也不是没有收获。

在公交车上,佟振保问她爱不爱她的丈夫,她点点头,并且说:"是从你起,我才学会了,怎样,爱,认真的……爱到底是好的,虽然吃了苦,以后还是要爱的,所以……"又说,"我不过是往前闯,遇到了什么就是什么。"还说:"年纪轻、长得好看的时候,大概无论到社会上做什么事,碰到的总是男人。可是到后来,除了男人之外总还有别的……总还有别的……"

她真的活过,她认真地爱过,并且为这爱,击碎对她来说更加容易的生活方式,决定从此后,按照内心的指引生活。尽管她憔悴了,胖了,俗艳了,也都是这一路挣扎与感受的痕迹,她不枉此生。

而佟振保，娶了并不喜欢的孟烟鹂的佟振保，每三个礼拜嫖一次的佟振保，他没能成为一个"标准好人"，也没能成为一个遂了自己的心的"坏人"。他活得七上八下，十三不靠，在这样一个活过的人面前，他有挫败感，甚至，还发展成了难堪的忌妒。他哭了，为自己的没好好活过。

那么是不是接下来就应该好好活？但佟振保到底没法对生活拿出诚意，当他觉得哪里不对，也不会反省，而是直接选择报复社会。他越发冷落孟烟鹂，但看似人畜无害的孟烟鹂，也不会由他摆布，她和婆婆生出芥蒂，和裁缝出轨，她不想做画像上祭文里的女人，一棵小草也有自我。

佟振保那个"对的世界"落了空，每一步都荒腔走板。他越发破罐子破摔，酗酒，公开找女人，常常整夜不回家，孟烟鹂开始还自欺欺人，后来眼看他要闹到连工作都没有，也无法再替他辩护。有一天佟振保回家，正碰到她在跟他弟弟讲述他的种种不好，见他回来，就不开口了。

那一晚佟振保发了脾气，摔东西，砸人，她急忙翻身外逃，振保觉得她完全被打败了，得意至极，立在那里无声地笑着，静静的笑从他的眼里流出来，像眼泪似的流了一脸。潜意识中，他打败的，是他自造的那个世界，包括了他的妻，他的女儿，他那个有模有样的家，他的职场口碑和道德评语。他在那样的黑暗中，终于，将这一切颠覆了，那些不可告人的委屈、悔恨与怨怒，也就这样发泄出来了。

书上说，第二天，他又成了一个好人。是啊，生命还在朝前，日子总要过下去，即使可以回头，他大概还是会放弃红玫瑰。他背负着贫困的阴影，沦落的威胁，母亲的眼泪，社会的期望，一个凤凰男朝主流迈进的全部动力。尽管心里有那样一种欲望，转化成了强大的压力，使他在奔袭的路途上不得安生，可是，发泄一下，也就差不多了吧？

于是，浪子回头，皆大欢喜！他又回到了从前的路途上。

Eileen Chang